JN119271

元大手印刷会社の企画マンが見た
持続可能な保育園とは？

サスティナブル保育園

小西貴彦 著
KONISHI Takahiko

Sustainable
Nursery School

三恵社

目次

むすび──サスティナブル保育園からマルチタスク（多機能）型保育園へ

はじめに——サスティナブル保育園が実現する、みんなの幸せ

（1）はぐはぐキッズが取り組む課題

　筆者は「はぐはぐキッズ株式会社」で事業開発室室長を務めています。はぐはぐキッズは、不動産コンサルティング会社に勤めていた小西由美枝（現はぐはぐキッズ株式会社代表取締役）が、取引先だった大手スポーツクラブの保育園事業に関わるようになり、その事業を引き継いで独立（当時の社名はプリメックスキッズ株式会社。2020年に社名変更）。その後、「ママの交流広場＋英語学童」、「はぐはぐキッズ荏原町」「はぐはぐキッズ浅草橋」などを皮切りに仲間を増やし、2023年12月現在、4つの小規模保育事業、3つの認可保育所、2つの保育所型認定こども園、子ども英会話教室、子どもアート教室、加えて各種講師派遣（幼稚園、保育園、こども園、スポーツクラブ等）事業を運営しています。

　事業の柱は保育事業、教育事業、地域貢献事業の3本です。2011年には、保育事業を核とした、子育て家庭への総合サポート事業「ママと子がきらきら輝く子育て支援」のビジネスプランが、「内閣府地域社会雇用創造事業」の最優秀賞を受賞しました。

　ビジネスプランの名前にも間接的に表現されている通り、はぐはぐキッズのビジョンは「子育て家庭を笑顔にする」ことです。ビジョンの達成には数々の壁があります。それがまさしく私たちの課題です。そして待機児童、教育格差、地域の子育て支援、虐待等さまざまな課題を、解決するにはどうすればいいか——。それが事業推進の原動力となっています。

　たとえば前述のように、2010年代には毎年のように保育園の数を拡大していきました。これは当時、深刻な社会問題として国会でも取り上げられていた待機児童問題解決のために進めていったものです。

　そして現在、私たちは、待機児童問題に次ぐ、新たな課題に取り組むこ

5

とになりました。

　それは「保育の質」です。

（2）「人としての萌芽によりそう」保育園

　保育の質とは何でしょうか？

　その答えは、日本の保育の歴史をさかのぼると必ず登場する、明治時代の、とある人物がすでに述べています。

　日本では明治時代初期に官主導で、幼稚園の普及が行われました。一方、保護者が働いていたり、貧困のために十分な育児ができないでいたりする家庭のために、民間の手で、現在の保育所のような施設があちこちに設立されました。

　その中のひとつに「子守学校」があります。

　1872年の学制公布で全国に小学校が誕生しましたが、就学率はなかなか伸びませんでした。大きな要因のひとつに、貧困家庭の子どもたちは自分の弟や妹、あるいは他の家に雇われて、子守りをしなければならなかったことが挙げられます。こうした子守りたちの教育と乳幼児の保護を支援するために設立されたのが子守学校なのです。

　1883年、茨城県小山村（現在の坂東市）にも、小学校教員だった渡辺嘉重の手によって子守学校が設立されました。

　彼はその設立趣旨を、『子守教育法』という書物に残しています[1]。この中に、たいへん重要な記述があります。一部を抜粋しましょう。

　　……嬰児は人の萌芽にして成長の後、之をして大なる材とならしむると否とは一に此の期の培養如何に在り、而して保婢は即此の萌芽を護り、又其の培養の功を助くる園丁なり、夫園丁にして自園丁たるの芸術を修むるなくば焉ぞ萌芽の成長を害し、発育を妨ぐるなきを期すべけんや。之を余づ此の学校を設くるの趣旨とす……。

1　汐見稔幸他『日本の保育の歴史』（萌文書林、2017年）94〜98頁。

文語体はわかりにくいので、現代茨城弁に訳してみましょう。

「……赤ちゃんは芽のような存在で、成長して立派な人になるかどうかは、この時期の育て方によって決まるべ。だから保育士さんはこの新しい芽を守り、育てる手伝いをする園丁にならねばなんね。その園丁が自分の園丁としての技術を磨かねーと、芽の成長を邪魔しちまうべ。発達を妨げねーためにも、しっかりやらなきゃだめだべ。これがわしのこの学校を作った目的だべ……」[2]

子守りは、単に乳幼児のお守りをするだけでなく、「人としての萌芽を助ける園丁（畑や庭を世話する人）」であるべきだというのです。

明治時代の篤志家の意見を取り上げたのは、近年になり、質の高い保育が子どもの将来の幸福に資すること、保育への投資効果が高いことが実証的に証明されているからです[3]。それも世界規模で。

保育の質という時、それがどのようなものであるかは、人により、時代により、地域により、さまざまな意見があります。しかし、この「人としての萌芽によりそう」という中心概念だけはゆるがなさそうです。

しかし、時代がかった、情緒的な表現だけではなかなかことは前進しません。現在の状況に即した言葉、思想、仕組みが必要です。

（3）保育の理想形とは？

OECD（経済協力開発機構）は、2001年から「人生の始まりこそ力強く（Starting Strong）」というタイトルの乳幼児教育とケアに関する白書

を出版し、現状報告と課題設定を行っています。

その 2019 年版[4] では、まさに「人としての萌芽によりそう」ような、高い質の、乳幼児に対する教育とケア（ECEC: Early Childhood Education and Care）が提供されるなら、

- 生涯学習の基礎となる子どものウェルビーイングと学習の成果の向上
- より公平な子どもたちの育ちと貧困の軽減
- 世代間の社会的流動性の促進
- 労働市場への女性の参加の増大
- 出生率の向上
- 社会全体を通した社会的経済的開発の促進

といった恩恵を社会が受けることができると謳い、逆にもし、質が低ければ、「プラスの影響どころか、子どもの発達への長期にわたる有害な影響が続く」と警告を発しています。

では、どうすれば質の高い保育を実現できるのでしょうか？

そこに明確な答えはありません。国や地域によって、保育が置かれている状況もクリアすべき段階も千差万別だからです。

その代わり、この白書では、5つの「政策レバー」（政府や自治体が介入すべきポイント）を提案しています。なお、どんな状況や段階であっても、このポイントは不変であると、白書は述べています。

「政策」という言葉が示す通り、これは国際機関である OECD が各国に対して発表しているものです。しかし、保育園という現場においても、これら多面的な評価尺度は、保育の質の向上を志すうえで、たいへん参考になると考えられます。

4　OECD 編／秋田喜代美他訳『OECD　保育の質向上白書』（明石書店、2019 年）。

ECEC の質を担保する５つの政策レバー

1．質の目標と規制の設定

　明確な質の目標と規制の設定は、優先順位の高い領域に資源を配置することを可能にし、より調和のとれた子ども中心のサービスを促進し、事業主たちの活動空間を公平にし、親が情報をもとにサービスを選択するのを手助けする。

2．カリキュラムと学習基準のデザインと実施

　カリキュラムや学習基準があれば、多様な環境での ECEC 施設の質を一定に確保でき、保育者の教育方略の強化や、子どもの発達についての親のより良い理解に役立つ。

3．資格、養成・研修、労働条件の改善

　ECEC の職員は健全な子どもの発達と学習に主要な役割を担い、改革すべき領域には、資格認定、初期養成教育、職能開発、労働条件が含まれる。

4．家庭と地域社会の関与

　親と地域社会は、同じ目標に向かってともに働く「パートナー」と見なされるべきであり、家庭の学習環境と近隣社会は、子どもの健全な発達と学習にとって重要である。

5．データ収集、調査研究、モニタリングの推進

　データ収集・調査研究・モニタリングは、子どもの成果を向上させ、サービス供給の持続的な改善を動かす力強い手段である。

（4）「ラーニング・ストーリー」と、はぐはぐキッズの目指す保育

　こうした取り組みは、日本はもちろん、世界各国に波及し、それぞれの国が、それぞれの国内事情を考慮した、乳幼児教育の改革を進めています。

ひときわ脚光を浴びているのが、ニュージーランドです[5]。

　従来、ニュージーランドでは、公立の幼稚園や保育所の他に、保護者が運営するプレイセンター、先住民族マオリの文化伝承を目的に設立されたコハンガ・レオやコフンガフンガ等の、さまざまな幼児教育サービスが存在していました。

　しかし公立の施設で質の高いサービスが無料で受けられる一方、それ以外では費用負担や質の確保ができていないという問題が起きていました。そこで 1986 年、教育省と厚生省が統合されたのを機に、幼保一体化が行われました。

　その際、多様な価値観を包括するカリキュラムが必要とされました。そこで検討に 5 年の歳月を費やし、1996 年に誕生したのが「テ・ファリキ」というナショナル・カリキュラムです。

　「テ・ファリキ」とはマオリ語で「織物のマット」のこと。誰もが乗ることのできる敷物を意味します。詳細は後述しますが、4 つの原則と 5 つの要素のもと、子どもたちが「主体的に自由に遊ぶ」ことを通じて、コミュニケーションや疑問の探求等、人生に必要な多くのことを学んでいくという仕組みです。

　保育者は強制せず、成果を求めず、一人ひとりの個性を尊重し、フォローします。この時、用いるのが「ラーニング・ストーリー」という「学びの記録」です。この記録を通じて、保育者と保護者は子どもたちについての情報を共有し、彼らの成長を支えます[6]。

　はぐはぐキッズは、この「テ・ファリキ」の思想と手法を、積極的に取り入れています。白書のいう「5 つの政策レバー」のポイントを押さえて

5　ニュージーランドの乳幼児教育と「テ・ファリキ」については、中坪史典他編『保育・幼児教育・子ども家庭福祉辞典』（ミネルヴァ書房、2021 年）、村田佳奈子「ニュージーランド幼児教育のナショナルカリキュラム（Te Whāriki）の実際と課題」（CHILD RESEARCH NET、2013 年）（https://www.blog.crn.or.jp/lab/01/49.html）を参照。

6　ラーニング・ストーリーについては、佐藤純子監修「ラーニング・ストーリーとは」『Learning Story 2019　はぐはぐキッズこども園東上野〜 Rainbow クラス〜みんなのエピソード』（2020 年）を参照。

いると同時に、私たちが思い描くビジョン「子育て家庭を笑顔にする」にもマッチしていたからです。そしてこの「ラーニング・ストーリー」という手法を、子どもたちだけでなく、保育者たちのキャリア形成にも応用しようというこころみが、この本の中心（第4章のこころみ）となっています。

（5）筆者が保育業界に関わり始めたきっかけ

　筆者は長い間、保育とは関係のない企業に籍を置いていました。深いつながりが生まれたのは、小西由美枝が起業し、保育園事業に携わったことに端を発しています。

　パートナーである彼女の、社会事業家として多忙な日々を送る活動を手伝うようになると、自然に子どもたちと接する機会も多くなりました。そして「貴先生、貴先生」と集まってくる子どもたちや、その健全な成長を願い日々活動する現場の保育士たちの姿を見るうち、自分もその成長を支えたい、何かのかたちで貢献したいと強く思うようになりました。

　保育士として現場で働く選択肢もありましたが、それよりも他業種で長年経験を積んだノウハウを生かし、「他者の目」によって保育を捉えなおす役割を担ったほうが、貢献度が高いのではないかと考え、保育について調査研究を行うという道を選びました。

　とくに注意を払ったのが、組織マネジメントやコンプライアンス、人材育成、そしてICT化です。他業種を経験した人間から見れば、この分野において保育業界が遅れていることがわかったからです。

　そしてより深く学び、確固たる学問的裏付けに基づいて保育業界に貢献するべく、昭和女子大学大学院に学び、高木俊雄先生のご指導のもとで、修士論文を執筆しました。本書は、第4章に掲載したその論文「大人のマイクロラーニング・ストーリー」[7] をまとめ、さらに、はぐはぐキッズ特有

7　「大人のマイクロラーニング・ストーリー」は著者の造語。テ・ファリキで利用する「ラーニング・ストーリー」と、短時間で完結するe-ラーニングの意味である「マイクロラーニング」を重ね合わせた。

の課題や周辺情報を加筆したものです。

（6）本書の構成・読み方

　本書は第4章に掲載した論文の内容を、第1章から第3章までにわかり
やすく展開する構成になっています。

　もし、はぐはぐキッズの保育への姿勢を手早く知りたいなら「はじめ
に」と「むすび」だけでもお読みください。また、もう少しくわしく知り
たいという方は第1〜第3章を、さらに考え方だけでなく調査の方法や結
果・分析などまで詳細を知りたい方は、第4章を中心にお読みください。

第 1 章

みなさんと保育園との
しあわせな関係とは

保育園は保護者のみなさんに、大切な子どもたちの見守り、教育などのサービスを提供します。したがって、みなさんと私たちの関係は、一見、サービス業のように見えます。しかし飲食店や販売店の客とお店との関係とは違います。また、子どもたちを相手にする学習塾と保護者との関係とも異なります。まずはその違いを明確にしていきましょう。

第1節　保育者と保護者、どちらが上？

（1）保育技術の向上に努力する保育士

　みなさんは、みなさんの大切なお子さんを預けている保育園に満足しているでしょうか？　こう問いかけたら、さまざまな答えが返ってくるでしょう。100％満足という方ばかりならうれしいのですが、大多数のみなさんは、「おおむね満足だけど、いくつか不満がある」か、あるいは「不満はあるけれど、いくつかの点では満足している」という範囲で収まるのではないかと思います。

　私たち保育園の使命は、すべての保護者のみなさんに「おおむね満足」であるという感想をもっていただくことです。

　なぜ100％ではないのかというと、子どもは一人ひとり強い個性と独特の発達スピードをもっており、対応する保育も一人ひとり異なるので、100％となるような定型にはめることができないからです。

　しかし、その「おおむね満足」のために、保育士は専門学校や大学で乳幼児教育を学び、保育士として現場に立ってからも常に子どもたちを観察し、行動のひとつひとつに対応し、それを踏まえて保育士同士で話し合い、時には専門家の意見を取り入れるなど、日々、保育技術の向上に努めています。

（2）すれ違う相互の関係

　このようなことを、私たちからアナウンスしなくても、ほとんどの保護者の方は、日頃のやりとりや行動から、私たちの努力をくみ取ってくださいます。ところが、そんな保育士たちの努力をあまり認めてくださらない保護者の方も、中にはいらっしゃいます。

　実は、そういう保護者が増えているのではないかという話もあります。社会福祉の研究者であり、横浜市副市長として行政にも携わった経験のある前田正子は『保育園問題』という著書の中で、こう述べています[8]。

　　……筆者の下の子が保育所に通っていた時には、精神的に不安定な保護者がおり、子どもを迎えにいくたびに、その保護者が園長や保育士を捕まえて、大声でまくしたてる姿を見た。

　私たちの保育園でも同様なケースは時々目撃します。たとえば、

「自分の子どもに対する声がけが気に入らない」
「幼児教育に対する考えが自分とは合わない」
「迎えが遅れる連絡を入れると、あからさまに嫌な声を出す」

　といったクレームです。このようなクレームがまったくない保育園はないと言ってよいでしょう。
　一度なら、たまたま感情が激したと考えることもできますし、私たちも理解に努めようとするでしょう。しかし、同じ保育士を繰り返し責めたてるケースもまれではありません。
　また、子どもたちが遊びの中でケンカをしたり、ケガを負ったり、集団保育で感染症に罹ったりすることは、当然あることです。そうやって社会性を身につけたり、免疫を獲得したりしていきます。「育ち」の一環といってまちがいないでしょう。100％ではうまくいかないゆえんです。
　このことは、わざわざ述べるまでもないことのはずです。なぜなら、同じような時期を、保護者自身も通過しているのですから。
　しかし最近は、「小さなケガも許さない」「園の管理は完璧であるべきだ」という態度の保護者が増えています。そのために、ちょっとした擦り傷でもわざわざ通院させて診断書をとり、トラブルを未然に防ぐような保

8　前田正子『保育園問題』（中公新書、2017年）113〜114頁。本項は同書を参考にしている。

育園もあります。果たしてこれは、あるべき関係でしょうか？

（3）なぜ、このような状態になったのか？

　前に取り上げた前田は、育児に対する親の経験不足や不安を支える社会的な仕組みが、少子化によって失われていることを嘆きます。これは十分理解できます。保育園と保育士は、こうした家庭を支援する役割も担っているからです。

　しかし、前田はこんなことも述べています[9]。

　　　……都市部の親は結婚が遅いため、保育士よりも年齢も学歴も上、という人が増えている。そういう親のなかには、最初から若い保育士を下に見る者もいる。最近では、スマホを見ながらお迎えにきて、画面から顔を上げず挨拶もせずに帰っていく保護者もいるという……。

　これは少子化や経験不足のせいでしょうか？
　いいえ違います。
　保護者と保育士とは、大切なお子さんの生育をともに支え合う関係です。それが一般企業の「上司−部下関係」や、サービス業の「客−従業員」のように見なされてしまっている──。実は、このような関係性に悩み苦しむ保育士が多く存在します。

9　前田・前掲注8）144頁。

16

第2節 **保育者が辞めてしまう意外な理由とは？**

（1）誤解の先にある保育の質の低下

　こうした、ほとんどハラスメントと言ってもいいような、保育士と保護者とのコミュニケーションの不通は、いったい何を招いてしまうのでしょうか。

　第一は、何と言っても保育の質の低下です。

　前述した「小さなケガも許さない」保護者は、保育士の仕事を極端に増やします。軽度の擦り傷程度で病院に連れて行くことが求められてしまえば、本来の業務がどうしてもおろそかになってしまいます。さらに、

　「あれをやってはダメ」
　「ここに行ってはダメ」
　「そんな言葉を使ってはいけません」

と、園児たちの言動を締め付け、やがて保育全体が萎縮してしまうでしょう。それが子どもたちの未来に良い影響を与えるはずがありません。

　先に述べた OECD の見解にあったように、子どもたちへの教育は、保育施設と家庭が別々に行うものではなく、情報を共有し、一貫した流れの中で行う必要があります。これでは保育の質の低下は避けられません。

（2）なぜ保育士は不足しているのか

　そして第二は、保育士不足です。

　保育士を部下のように見なした態度は、保育士に強いストレスを与えます。実は私たちの施設でも、かつてそのような態度の保護者がいました。

その人からの執拗なハラスメントに耐えかねて、仕事を辞めてしまった保育士がいるほどです。職場を去らざるをえないほど苛烈なハラスメントはまれであるとしても、高い負荷の労働とストレスが、重大な事故につながるのではないかと危惧する意見が、保育業界では多く聞かれます。

　2013年、厚生労働省は、「保育士の経験があり、現在はその職を離れている人たち」にアンケート調査を行いました。

　その結果、保育士に復帰しない理由として、「業務に対する社会的評価が低い」と感じている人が22.3％、「保護者との関係がむずかしい」と答えた人が19.6％も存在していたのです[10]。

　保育士は全員が子ども好きです。そして保育士という仕事に憧れ、誇りをもっています。これは誰が何と言おうと動かしがたい事実です。

　そして、保育とは、そういうマインドをもっていないとできない仕事です。そうでなければ、生まれて数年しか経っていない、か弱い存在である乳幼児たちの生命を守り、健康を維持し、人生の基盤となるマインドを育てていくなどという、大役を担おうなどと考えるわけがありません。

　それなのに、そういう志の高い人たちが「辞める」あるいは「復帰しない」理由に挙げるのですから、事態は深刻だといっていいでしょう。

（3）被害をこうむるのは、子どもたちの未来

　もちろん、保育士が初志を貫くことを諦めてしまうことの責任が、保護者のみなさんだけにあるとは考えていません。

　多忙かつ責任重大であるにもかかわらず、低い賃金、長い拘束時間等の労働条件、施設内部の人間関係など、保育園として取り組むべき課題、行政が取り組むべき課題が山積しています。

　しかし、保育者と保護者の関係性の改善は、それらより重大であると私は考えています。なにしろ、両者の関係性を敏感に察知するのは、一番近

10　厚生労働省職業安定局「保育士資格を有しながら保育士としての就職を希望しない求職者に対する意識調査」（2013年）。本文は、前田・前掲注8）99頁より抜粋。

くにいる子どもたちなのですから。保護者の罵声を聞いたり、困惑し涙を流す保育者の様子を見たりした子どもたちの心の中に、はたして健全な感性が育つでしょうか？　両者の関係性が壊れた時、一番大きな被害を受けるのは子どもたちの未来なのです。

　改善が必要です。

第3節 なぜ、保育者と保護者のパートナーシップが
重視されるのか？

（1）主役は子どもたち

　最優先はやはり、子どもたちです。

　保育者と保護者のパートナーシップがなぜ必要なのか。何度も取り上げている OECD の『保育の質向上白書』は、その理由を、

- 出生から5年間の保護者のふるまいが子どもの知的・社会的スキルや能力の形成に決定的に大切である
- 家庭と園を行き来する子どもの経験の連続性は、親と保育者が日々子どもの情報を交換し合い、社会性の育ちや日課・子どもの発達と学びなどに対して一貫したアプローチをとることで保たれ、これが実施されれば、園の保育の質および家庭での育児や学びの環境の質も向上する

からだ、としています。

　『白書』はさらに踏み込んで、「ECEC（Early Childhood Education and Care）サービスの側（保育園や幼稚園などのこと）は、母親、父親にわが子に関して、知らされ、意見を求められ、主要な意思決定の場に同席する権利があると認識すべきだ」とも述べています。

　「権利がある」とは強い言葉です。言い換えると、保育者は積極的に保護者の子育てに関わるべきだ、それ進め！　と叱咤しているのです。

（2）保育園が保護者の育児を支援する

　実はこの姿勢は、現在の日本においてもたいへん重要なポイントになっ

ています。前節で取り上げた前田は、同書の中で、保育所が、保護者の育児を支援する重要性をこんなふうに分析します。

　　保育所が貴重な場所となっているのは、親にとっても同じである。子どもが生まれたからといって、親はすぐに子育てが十分にできるわけではない。今の親には子育てを教えてくれる人もいなければ、身近で育児に触れる機会も少なかった。現在（著者注…本書の出版は2017年）20〜30代の親の世代から日本の少子化は進んでおり、親自身も兄弟が少なく、異年齢の子どもとの交わりの経験が乏しい。都心部で育った親の場合、多様な遊びの経験も少ない。子どもがどんな遊びや経験を通して成長していくものなのか、親にもわからないのだ。

　実は第1節で紹介した「保育士よりも年齢も学歴も上、という人」は、前田が描いたような人物像の当てはまる人が多くいます。彼らは育児や子どもに対する経験が乏しく不安であるため、書籍やインターネット、知り合いを介して、さまざまな育児情報を収集しています。その熱心さ、知識の豊富さは、保育を仕事とする私たちも驚くほどです。

　しかし、その知識に照らして、現場の保育士の仕事を非難するのです。そして暴言を吐いたり、過剰な対応を求めたりします。

　「私が知っているやり方と違う。おまえは無能だ」とか、「ネットに書いてあるような保育ができなくて何が保育士だ」とか。

　どちらもパワーハラスメントの6つの類型（身体的侵害、精神的侵害、人間関係からの切り離し、過大な要求、過小な要求、個の侵害）のひとつに該当します。

　でも、こうした不法行為も、わが子の健全な成長を願うあまりの行動であるのは、私たちも理解しています。

　課題は、その強い愛情を、目の前の保育士に、ハラスメントというかたちで暴発させてしまうのではなく、自然と子どもたちの育ちを支えるちからとなるような仕組みを作ること、ではないかと思います。

（3）保育者と保護者の意思疎通の方法

　育児にとって、保育者と保護者の意思疎通が重要であるという意見は、とくに新しいものではありません。

　とくに日本の保育業界では、従来から、送り迎えの際に、保育者と保護者とが交わす短い会話や、連絡帳のやりとり、お知らせの掲示板などによって、その日の子どもの様子、園の行事や雰囲気を細かく伝える努力をしています。

　日本のどの保育園でも行う「当たり前」の習慣ですが、実は「コミュニケーションとアウトリーチ」の好例として、OECD の白書にも取り上げられているすぐれた方法です。

　少しだけスマホから目を離して、保育士と世間話をしてください。育児書を読む時間の一部を、連絡帳を読み、お返事を書く時間に割いてください。その様子は、子どもたちもちゃんと見ています。そして、「わたしはみんなに見守られている」と感じてくれます。その安心感は心の発達にとってたいへん重要なのです[11]。

（4）「ラーニング・ストーリー」の活用

　本書「はじめに」の（4）で紹介した「ラーニング・ストーリー」も、保育士と保護者の関係性をスムーズにし、子どもたちの育ちを支えてくれる方法です。もう一度、「テ・ファリキ」と「ラーニング・ストーリー」についてくわしく解説しましょう。

テ・ファリキの４つの原則と５つの要素　　前述したように、テ・ファリキは、ニュージーランドの乳幼児教育改革において、５年の歳月を費やし

11　子どもにとって保護者や保育者などの愛着対象は、安心感、安全感を抱くことができる心の拠り所であり、安全基地や避難所の機能をもちます。心理学の専門家は、これがあるから、子どもは遊びや活動に参加して世界を広げる探索行動ができる、と考えています。

て開発されたナショナル・カリキュラムです。基本は、子どもたちに成果を求めず、「主体的に自由に遊ばせる」こと。保育者はそれを見守り、一人ひとりの個性を伸ばす役割を担います。繰り返しますが、強制はありません。大人の役割は個性を尊重し、それをフォローすることです。

とはいえ、「自由放任」ではありません。テ・ファリキには次の「4つの原則」と「5つの要素」という目安のようなものがあります。

【4つの原則】

1．Empowerment／エンパワメント
　幼児教育カリキュラムは、子どもが学び成長する力を引き出すものである。

2．Holistic Development／全体的発達
　幼児教育カリキュラムは、子どもが学び成長している全体的なあり方を反映するものである。

3．Family and Community／家族とコミュニティ
　家族やコミュニティといった、より広い子どもたちにとって身近な世界が、幼児教育カリキュラムにとっても不可欠である。

4．Relationship／関係性
　子どもたちは、人々、場所、物との双方向の関係性を通じて学ぶ。

【5つの要素】

1．Well-being／心身の健康
　子どもの健康および幸福感が守られ、育まれること。

2．Belonging／所属感
　子どもたちやその家族が所属感を感じることができること。

3．Contribution／貢献
　学習の機会が平等にあり、そして子どもたち一人ひとりの貢献が価値あるものとして認められること。

4．Communication／コミュニケーション
　自身の文化、他の文化の言語やシンボルが大切にされ守られること。

5．Exploration／探究
　子どもは、環境の中で能動的に活動し学ぶ。

大切なのは成果ではなく評価　　放任と異なるのは、保育者が、この４つの原則と５つの要素（あるいは独自の指針）に基づき、子どもの姿や育ちを観察し、評価し、記録する点にあります。

その記録方法が「ラーニング・ストーリー」と呼ばれるものです。

「成果」ではなく「評価」である点に注意してください。

成果なら「……ができるようになった」という達成に重点を置いた記録になります。一方、「ラーニング・ストーリー」では、その過程を重要視します。記述はストーリー形式となります。先ほど例に挙げた、従来の連絡帳と異なるのはこの点です。「よくできました！」のハンコは、成果ではなく過程に与えなければなりません。

はぐはぐキッズで実際に作成した例を紹介しましょう[12]。

【ラーニング・ストーリーの例】
マフラーを作り始めた○○くん。途中で絡まってしまい、始めからスタート！　しかし、再度絡まってしまいもう一度始めから！　何度も始めから作り出していましたが、諦めずに「みてみて！　ここまでできたよ」とがんばって作りました。

次に、保育者はこの記録を評価します。はぐはぐキッズでは、2018年から運用されている厚生労働省「保育所保育指針」に規定された「５領域、10の姿」に基づいて、評価しています[13]。

12　佐藤・前掲注6）23頁より転載。以下同。

13　５領域とは、健康・人間関係・環境・言葉・表現。10の姿とは、①健康な心と体、②自立心、③協同性、④道徳性・規範意識の芽生え、⑤社会生活との関わり、⑥思考力の芽生え、⑦自然との関わり・生命尊重、⑧数量や図形、標識や文字などへの関心・感覚、⑨言葉による伝え合い、⑩豊かな感性と表現、を指す。

【例の評価】
　学びの芽生え
　　・諦めずに作り上げる
　　・完成を楽しみに作り上げる楽しさを味わうことができた
　　・完成させた達成感を味わうことができた
　遊びを次につなげるには
　　・どんなものを作りたいか探しながら他の制作をしてみる
　　・自由制作などを行い、作り上げる楽しみをさらに味わってみる
　5領域＆10の姿
　　5領域
　　　・健康—明るく伸び伸びと行動し、充実感を味わう
　　　・環境—身近な事象を見たり考えたり扱ったりする中で、物の性質や数量、文字などに対する感覚を豊かにする
　　　・表現①—いろいろなものの美しさなどに対する豊かな感性をもつ
　　　・表現②—感じたことや考えたことを自分なりに表現して楽しむ
　　10の姿
　　　⑥思考力の芽生え
　　　⑩豊かな感性と表現

「ラーニング・ストーリー」がもたらす効果　　ラーニング・ストーリーの手法はここで終わりではありません。この記録を保護者と共有するプロセスがあります。上述した保育者の分析と併せて、写真なども付けて、保護者に見ていただくのです。

　保護者はそれを読んで、感想を保育者に伝え、なおかつ、家庭での育児に生かしていきます。場合によっては、他の子どものラーニング・ストーリーも閲覧できます。例では、次のような感想が得られました。

　やりとりからまず気づくのは、例の主役である子どもの育ちの様子です。何に関心があり、それをどのような行動に結びつけているのか、今現在の様子がよくわかります。

　次に気づくのは、保育者と保護者の関係性です。両者が一体となって子どもの育ちを支えようとしている様子が手に取るようにわかります。

　さらに気づきは、保育者自身、保護者自身にも向かいます。

　多くの保育者はラーニング・ストーリーを始めてから、自分の保育を見直すきっかけになったと述べています。文章にすることで客観的な視点に立つことができるからです。

　保護者にも同じことが起きます。達成にばかり気をとられて子どもの可能性や関心をつぶしていなかったか、とか、集団生活の中で子どもがどのようにふるまっているのか、とか――。

　そしてもっとも強調したいのは、「ラーニング・ストーリー」を介することで、保育者と保護者は、サービスの提供者と受益者という立場を超え、子どもの育ちを支える協働作業者なのだという意識が芽生えることです。

　協働作業者を見下す人はいません。

　「ラーニング・ストーリー」という手法は、そうした良い変化を、自然に培ってくれるという効果もあるのです。

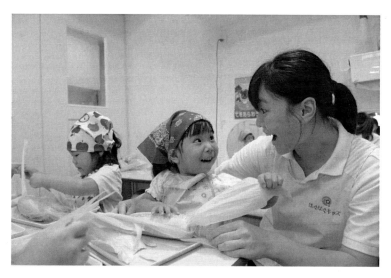

第 2 章

「保育を研究する」
ということ

本章では、保育や幼児教育の歴史を、簡単に説明します。なぜ
保育が必要とされているのか、保育が子どもたちをどんなふう
に扱おうとし、どんなふうに義務教育課程へ送り出そうとして
いるのか——。それを知るのは歴史をたどるのが一番の近道だ
と考えたからです。

第 1 節　保育・幼児教育小史 [14]

世界に普及したフレーベルタイプの幼稚園　世界初の保育施設は 1770 年、フランス・ロレーヌ地方で設立された「編み物学校」と言われています。ちょうどイギリスで産業革命が起こった時期にあたります。両親が長時間労働に駆り出され、そのために放っておかれた子どもたちの世話をし、教育を施すために設立されたということです。

　19 世紀になると、乳幼児教育に関する哲学的なアプローチの実践者が現れます。フリードリッヒ・フレーベルです。

　彼は次のように考えました。——人間の本質を神的なものと見なすなら、子どもはその神的なものを植物のように自らの内なる力で展開できる。保育者に大切なことは「庭師」のように、子どもの内なる力を信頼し発達の道筋を正しく理解し、人間性が十分に展開できるように適切な環境を整えることだ——（「はじめに」で引用した渡辺嘉重の「萌芽と園丁の比ゆ」は、ここからインスパイアされたのかもしれませんね）。

　幼児期の「遊戯」はとくに重要である、と考えた彼は、その哲学を実践に移します。最初は「恩物（神からの贈り物）」と呼ぶ遊具の製造販売を始めました。今では誰もが知っている「積み木」です。そして 1840 年、実践の総決算として、ドイツのブランケンブルグに幼稚園（キンダーガルテン）を設立しました。このキンダーガルテンは、知識を教える幼児学校でもなく、保護のための託児施設でもない点が画期的でした。このキンダーガルテンをひな形として、保育施設は世界に広がっていきます。

幼稚園と保育園　日本に目を移してみましょう。よく知られているよう

14　本節の内容は、そのほとんどを汐見稔幸他『日本の保育の歴史』（萌文書林、2017 年）、浦辺史他『保育の歴史』（青木書店、1981 年）に負っている。

に、日本では江戸時代（1603 ～ 1867 年）に寺子屋や私塾が普及していました。しかし、それらは乳幼児のみを対象としたわけではなく、本項の主旨からは少し外れます。

　乳幼児を対象にした本格的な施設が日本で誕生したのは、1876（明治9）年。岩倉使節団の一員として欧米視察に派遣された田中不二麿の尽力によって設立された、東京女子師範学校附属幼稚園が最初です。進んだ欧米の文化を取り入れようとする「文明開化」政策のひとつだとされ、前述したフレーベルの「キンダーガルテン」も、すでに国内で紹介されていました。これが、日本の「幼稚園」のはしりと言われています。

　一方、保育園は、日本の近代化とともに増える労働者たちの子弟を預かる託児所のようなかたちで広がっていきました。子守学校から発展した保育施設をはじめ、職工を確保するために工場内に設けられた工場託児所などがあちこちに設立されます。

　とくに工場託児所は大正期に普及しました。欧州で起きた第一次世界大戦による好景気で国内外の需要が増大したことがきっかけです。各種産業が大きく伸びるとともに労働者が不足します。そこで、女性労働者確保のために、工場を経営する企業が積極的に開設したのです。

　「保育に欠ける」家庭を救い、子どもたちを貧困や劣悪な環境から守る使命を与えられたのが、「保育園」であると言って良いでしょう。

　このように、幼稚園は乳幼児に教育を施す教育施設、保育園は労働者の生活を支える福祉政策の一環として発展していきました。2つは根拠とする法令も管轄する行政機関も異なります。

　乳幼児の保護と教育という、同じような社会的役割を担いながら、別々の道を歩んでいる幼稚園と保育園の関係は、幾度となく融合が検討されてきました。しかし、みなさんもご承知のように、現在でもこの状態は続いています。

第2節　現在の課題と研究

本節では、近年の保育をめぐる現状と課題を説明します [15]。

（1）少子化問題と待機児童問題

少子化問題の深刻さと保育業界の対応　　子どもたちをめぐる近年もっとも深刻な話題は、少子化問題です。

　2022年の人口統計によると、出生数は1899年の統計開始以来、初めて80万人を大きく下回り約77万人、合計特殊出生率は1.26と7年連続の低下を記録しました。政府は2030年代に入るまでがラストチャンスだと捉え、若年世代への手厚い支援を検討しています。

　支援策のひとつとして、子育てしやすい環境づくりが挙げられます。というのは近年、共働き世帯が急速に増加（いわゆる専業主婦世帯の2倍を超えました）し、子どもを産み育てるには、保育施設の整備が必要不可欠になったからです。

　厚生労働省の調査では、保育所等を利用している世帯は、2011年には子育て世帯全体の3分の1程度だったものが、現在では2分の1を超える水準にまで上昇しています。

　需要の急増に対応するために、保育に責任を負う各自治体は、延長保育事業や認定こども園事業、認可外保育施設の支援を行ってきました。その際、幼稚園が延長保育を開始したり、保育園が乳幼児の教育に力を入れ始めたりしたことで、両者の垣根は年を追うごとに低くなったのです。

15　本節は主に全国保育団体連絡会・保育研究所編『保育白書　2023年版』（ちいさいなかま社、2023年）・前掲注17）を参考にしています。統計資料はすべて同書からの引用です。

待機児童問題　そもそも待機児童とは、認可保育所に入所を申し込んだにもかかわらず、希望が叶わなかった子どもを指していました。日本の保育行政と業界は、長年この状況を改善できず、とくに2010年代に入ってからは、共働き世帯の増加に保育所数が追いつかない状態が顕著となり、社会問題化していました。

それに対し、自治体が上記のような対策を講じた結果、待機児童ゼロを宣言した自治体が現れるなど、2017年をピークに、事態は急速に収束していきました。

しかし、待機児童の減少は、2015年に待機児童の定義を狭めたことが要因であり、「隠れ待機児童」とも呼べる子どもたちが多く存在するという声もある[16]など、まだ抜本的な解決には至っていないようです。

その一方、厚生労働省は、保育所需要は2025年にピークを迎え、その後ゆるやかに減少していくと予測しています。保育の需給関係のバランスとりは、今後も微妙なかじ取りが必要となるでしょう。

しかし、どんな状況下にあっても、保育園は、子どもたちと保護者のために最善の選択と実践をし続ける社会的使命があります。

これは言うほど簡単なことではありません。

（2）虐待と貧困

増加する虐待報告　乳幼児におけるもっとも深刻な課題のひとつが虐待です。厚生労働省の発表では、家庭における虐待の報告数（児童相談所が対応した相談件数）が20万件を超えました（2021年度）。2011年度が約6万件ですから、約3.3倍の増加です。

もっとも多い被虐待者は小学生年代ですが、乳幼児も全体の半数近くを占めています。虐待者は実母が約48％、実父が約42％、実父以外の父親が約5％、実母以外の母親が約0.5％です。種別では、心理的虐待が約60％を占め、身体的虐待が約24％、ネグレクトが約15％、性的虐待が約1

16　全国保育団体連絡会／保育研究所・前掲注15）121～122頁。

％です。

　虐待死に至ったケースも 2020 年度では 66 例（犠牲になった子どもは
77 人）ありました。

虐待の原因　　種別でもっとも多い心理的虐待は近年、急激に増加しまし
た。というのは、子どもの面前で DV（ドメスティック・バイオレンス）
が行われた場合も含むようになったからです。子どもたちの目の前で誰か
を罵倒する行為は、それだけで虐待です。

　子どもたちへの虐待は低所得の世帯で多い傾向にあることがわかってい
ますが、貧困と DV が、虐待につながっているという指摘がされています。

　こうした現状において、保育所には何ができるでしょうか。

（3）保育所の役割

育児を支えるという役割　　前節でわかったように、歴史的に保育施設が
重要視されたのは、「保育に欠ける」家庭を救うことばかりでなく、子ど
もたちを、貧困や劣悪な環境（保護者を含む）から救う役割を担っていた
からでした。

　それは現在でも変わらない、私たちの重要な役割です。

　子どもたちや保護者と日常的に関わり、虐待や貧困のきざし、「不適切
な養育」をいち早く察知し、対応できるのは保育者だからです。

　「不適切な養育」とは、虐待までは至っていないものの、虐待のリスク
が高い養育を指します。保護者が若い、あるいは親族や地域から遮断され
ているなどの要因から、子どもとの適切な関わりや育て方がわからない場
合、子どもに身体的・精神的な苦痛を与えることがあるのです。体罰が容
認されがちな日本では、「しつけ」と称してこれらの行動に走ってしまう
保護者が見受けられるのも要因のひとつでしょう。

　私たちはこれらを指摘し、場合によっては専門機関と連携して、ひとつ
ずつ解決していかなければなりません。

　また、こうしたこととは別に、子ども自身の障害が「不適切な養育」の

要因となることもあります。これも専門家の関与が必要です。保育園には両者の橋渡し役という重要な使命があります。

　虐待や貧困ほど深刻でないにしても、乳幼児のいる家庭では何かと問題が発生しがちです。そのような家庭に対する保育者のサポートは、私たちの役割なのです。

（4）保育者に関する問題

　しかし、保育者の活躍が期待されている一方で、保育者自身にも問題が山積しています。

保育施設における死亡事故　一番大きな問題といっていいのが、保育者が自ら、子どもたちの安心安全をこわしてしまった例です。

　そのもっとも悲惨な結果として、子どもの死亡事故があります。2021年には九州の認可保育園で5歳の園児が送迎バスに置き去りとなり熱中症で死亡するという事故がありました。この年、被害者が死亡に至った事故は5件に及び、認可保育園での事故が2件、認可外施設での事故が3件起きています。

　事故後の検証報告では、認可保育園で起きた事故の原因として、保育者の確認不足が挙げられています。また認可外施設での事故原因は、保育技術の不足（保育者が正式な保育教育を受けていなかった）ことが挙げられています[17]。

不適切な保育　死亡事故の原因とはなっていないものの、保育者による「不適切な保育」も問題になっています。

　これらは、子どもの人権擁護の観点から望ましくない関わりとされています。前述したように、日本ではいまだ「体罰」に対する意識が低いケースが多くあります。保育者も同様です。これらの行為が人権侵害であるこ

17　全国保育団体連絡会・保育研究所・前掲注15）19 〜 24 頁。

とを、保育者自身が再確認するとともに、子どもたちと接する技術の向上によって、未然に防ぐような対策が必要となっています。

不適切な保育の例
- 子どもに不必要なほどの罰を与える
- 乱暴な言葉づかいをする
- 意味なく怒鳴る
- 置き去りや閉じ込め
- たたく、蹴るなどの乱暴な行為
- 子ども一人ひとりの人格を尊重しない関わり
- 強要したり、脅迫したりするような声がけ
- 子ども一人ひとりの育ちや家庭環境への配慮に欠ける関わり
- 差別的な関わり

深刻さを増す保育士不足　保育施設における事故や不適切な保育の原因のひとつに、年々深刻さを増す保育士不足があります。前述した保育園バスでの死亡事故も、遠因として運営スタッフの不足を挙げることができます。乳幼児を相手にする保育では、人手不足は安全安心が失われることに直結する可能性が高いのです。

　また、ベテラン保育士が現場を離れたまま復帰しないとなると、必然的に経験の浅い保育士が増えます。保育技術不足、注意力不足による事故が起こる確率が高くなるのは道理です。

　2023年1月の全国の保育士の有効求人倍率は3.12である一方、全職種の平均有効求人倍率は1.44です。保育業界は他の職種の倍以上の人手不足に悩んでいるといっていいかもしれません。

　厚生労働省の推計（2020年10月1日時点）では、保育士登録者は約167万人であり、過去12年間で約83万人増加しています。しかし実際に保育に従事している人は約28万人しかいません。約139万人もの「潜在保育士」が存在しているのです。

　要因のひとつとして賃金があります。近年は上昇傾向にありますが、業

務負担の増加がその上昇を相殺していると言われ、彼らの仕事の量と質に見合った賃金水準の向上を含めた処遇改善策が求められています。

　また、保育の専門教育を受けた人たちが、安心して保育の現場に飛び込むことができるように、職場環境の改善、キャリアプランの明確化、さらには保育士の社会的地位の向上といった課題を、ひとつずつ解決していく必要があるでしょう。

全国の保育士の有効求人倍率、求人数ならびに求職者数

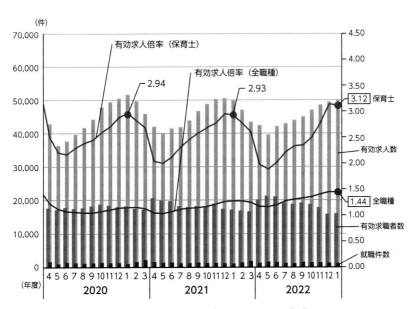

出典：『保育白書　2023 年版』p.159 の図表 1-5H1 を元に作成

第3節　保育の現場は常に「考えている」

（1）保育園改善策

　これまで述べたように、保育業界は現在、少子化問題や待機児童問題、虐待や貧困への対応に迫られています。子どもたちの面倒を見るだけでなく（これだけでもたいへんな労働量と責任です）、関係各所と連携して、家庭での子育てを支援するなど、子どもたちが育つ環境を整えていかなければなりません。一方で現場の保育士たちは、待遇の低さ、労働条件の過酷さ、社会的評価の低さに悩んでいます。

　保育園の経営者も、保育士たちが置かれている板挟みの状態を見て安穏としているわけではありません。人手不足にどう対応するのか、保育の質をどう高めるのか、これから始まるであろう保育園過剰時代に対応するため、どのように付加価値を高めていくのか——。考えなければいけないことは山積しています。

　希望がけっして潰えないのは、何と言っても、保育業界の誰もが、保育という仕事が好きで、乳幼児の成長を支えるという仕事に、誇りをもっているということです。その一心で、行政や学会はもとより、草の根レベルでも、より良い保育の実現を目指して、さまざまな人材が集まり、日々、意見を交わしています。

（2）「現代ビジネス研究所」（昭和女子大学）が取り組む、さまざまな「サスティナブル保育園」

「サスティナブル保育園」研究チーム　　著者の所属する昭和女子大学の現代ビジネス研究所では、現場の声を未来の教育や制度に反映させるべく、「サスティナブル保育園」をテーマにした、研究チームを立ち上げま

した。参加者は、私のような保育業界の人間だけでなく、社会保険労務士や自治体職員といった仕事をもつメンバーもいて、さまざまな角度から、未来の保育園のあり方について議論を戦わせています。

多様な角度から保育園の持続可能性を探る　　字義に即して言えば、「サスティナブル保育園」とは、子どもたち、保護者、保育者、保育園が良質なエコシステムを構築し、持続的に成長する保育園のことです。

　しかしそれは、観点を変えれば、社会インフラになくてはならない施設ということにもなりますし、常に魅力あるコンテンツを発信している施設ということもできます。街づくりに欠かせない存在として、地域活性化のかなめとすることもできますし、そこで地域人材を活用していくこともできるでしょう。

　さらには「保育士が働きたい園になる」というミッションを掲げれば、「サスティナブル保育園」の意味がより明確になり、これをテコに、各ステークホルダーのウェルビーイングについて深く掘り下げることが可能になるでしょう。

　これらの意見は、「サスティナブル保育園」をテーマにしたミーティングにおいて、各メンバーから寄せられた意見をまとめたものです。保育園の経営者やスタッフからは出てこないような切り口や思いが、保育の新しい局面を切り拓いてくれるように感じています。

（3）質の高い保育の最前線にいるのは誰か？

　しかし、話し合うばかりでは、未来は拓けません。

　主義主張を声高に叫んだり、本に記したりするのは、二次的産物であることを忘れてはいけないのです。質の高い保育が実を結ぶのは常に現場でなければなりません。

　そしてその現場において、常に最前線にいるのは誰か。

　保育士のみなさんです。

　次章では、その保育士にスポットライトを当ててゆきましょう。

第3章

かなめは保育者

これまで保育士の仕事は職人的な世界でした。子どもたちへの愛情と仕事への誇りを支えに、一人ひとりが独自に、観察眼や技術を磨いてきたからです。しかし今や、保育の課題は、それだけでは解決できない、むずかしい局面を迎えています。第3章ではそのことを述べていきましょう。

第 1 節　進化する保育者——「子守」から「パートナー」へ

「子守」から始まった保育者　日本では長年、保育者のことを「子守」と呼んでいました。

　「はじめに」などで触れた子守学校の例が示すように、まだ労働に就くことができない年齢の子どもたちが、保護者に代わって乳幼児の面倒を見るのが「子守」です。当然ながら、乳幼児の健康や心身の発育に関する知識やノウハウはありません。乳幼児が事故に巻き込まれたり、ケガをしたりしないように見張るのがせいぜいでした。

　とはいえ、彼らがいなければ保護者、とくに女親が働きに出られません。最低限の社会インフラの維持に不可欠という意味では、「子守」も、現代でいう、エッセンシャル・ワーカーとしての役割を果たしていたと言えるでしょう。

　しかし、これで十分でないのは当然です。近代保育は、ただ子どもたちが安全であればいいという地点にはとどまらず、しつけや礼儀を教えたり、好奇心や興味を刺激したりして、人間的な基礎を築くための手助けを、保育者に求めました。

　保育者を志望する人は、そのための専門的な知識と技術を学ばなければなりません。そして保育施設は基準以上の知識と技術をもった人に保育を任せるようになりました。

　こうして誕生したのが保母です。

ソーシャルワーカーとしての保育者　保母は長い間、保育の現場の中心となって活躍してきました。時代が進み、核家族化や地域内での孤立が進行すると、一般家庭での保育のノウハウ伝承が途絶えがちになります。そこで頼りにされたのも保母の知識と技術でした。

　20世紀末に、保育者は保母、保父から保育士へと名称が改まりまし

た。それと並行して、保育者には多くの機能が求められるようになりました。施設内だけでなく、家庭での育児も支援する役割を担うことになったのです。保育者のソーシャルワーカー化です。

　さらに進んで「保育ソーシャルワーカー」という専門家も誕生しました。彼らは保護者の悩みを受け入れ、保育施設はもちろん、公的機関や制度を活用して、課題解決を図る専門家として活躍するようになりました。

ソーシャルワーカーからパートナーへ　　ソーシャルワーカーとしての保育士には、保護者を支援する役割が求められていました。

　しかし近年、それよりさらに進み、保育者と保護者は、支援者と被支援者としてではなく、対等なパートナーとして、連携して保育に当たるという考えが生まれ、その実践が進められています。

　そして次世代型の保育施設は、子どもたちを預かる施設という機能だけでなく、保護者はもちろん、地域社会までを巻き込んだ多機能型の施設にならなければいけないと考えられています。

　保育者には、これまで以上に多くの知識とノウハウやステークホルダーとの関係にまで、責任が求められるようになってきたのです。

ステークホルダーとの関係図

＜ターゲット＞	＜これから必要になる＞	＜解決方法＞	＜当社の強み＞	＜ICTツール＞	＜保育園＞
保育士	時間資源	短時間研修	保育士研修実績	マイクロラーニング・ストーリー	保育のコンタクトポイント
【社会背景】	【保育士の離職率】				
父親	子育てノウハウ	男性版子育て動画	男性保育士		
【社会背景】	【男性育休取得法改正】				
シニア	定年後の職場	保育現場動画/先輩インタビュー動画	企業からの転職者/副業者		
【社会背景】	【高齢化/再雇用】				
外国人	日本の職場	英語版保育現場動画/先輩外国人インタビュー動画	外国人講師		
【社会背景】	【労働人口減少/外国人雇用】			【研究テーマ】	

出典：筆者作成

第2節　遅れるソーシャルスキル向上へのアプローチ

進化している保育者たち　このように保育者は、「子守」から「子育てのパートナー」へと、求められる役割が広く、深くなっていきました。

それに伴い、彼ら自身が学ばなければいけない知識も増えました。

たとえば、1948 年の厚生省局長通知では、保母の養成にあたって、次のようなカリキュラムが必修となっていました[18]。

1．倫理
2．教育学及び教育心理学
3．保育理論
4．児童心理学及び精神衛生学
5．生理学及び保健衛生学
6．栄養学
7．育児法
8．小児病学
9．看護学
10．社会事業一般
11．ケース、ワーク
12．グループワーク
13．自然研究及び社会研究
14．音楽
15．リズム
16．遊戯
17．お話
18．絵画
19．製作
20．英語
21．児童の福祉に関する法令

18　浦辺他・前掲注 14）150 頁。

一方、最近の保育士養成課程では、次のようになっています[19]。

外国語

体育

その他

保健原理

教育原理

子ども家庭福祉

社会福祉

子ども家庭支援論

社会的養護Ⅰ・Ⅱ

保育者論

保育の心理学

子ども家庭支援の心理学

子どもの理解と援助

子どもの保健

子どもの食と栄養

保育の計画と評価

保育内容総論・演習

保育内容の理解と方法

乳児保育Ⅰ・Ⅱ

子どもの健康と安全

障害児保育

子育て支援

保育実習

保育実習指導

保育実践演習

19　https://www.hoyokyo.or.jp/http://www.hoyokyo.or.jp/nursing_hyk/reference/30-2s3.pdf

戦後70年のあいだにカリキュラム内容は大きく変化し、また学習内容も深くなっています。

当然ですが、こうした学びは保育士として現場に出た後も続きます。しかし仕事が多忙であるために、自分ひとりの力だけでは、なかなか学習の機会を得ることができないのが実情です。

欠けているソーシャルスキル教育　　ただし、70年前も現在も、カリキュラムで教えない項目がいくつかあります。

その中のひとつがソーシャルスキルです。

ソーシャルスキルとは、対人関係を円滑に営むために必要な知識や技術、態度のことです（この他さまざまな定義があります）。

具体的には、挨拶ができるとか自己紹介ができるといったことをはじめとする人（社会）とうまくやっていくための技術であり、昔からの言葉で言うなら「しつけ」もソーシャルスキルです。

しかし、「しつけ」だけでなく、アンガーマネジメントや付き合う相手選び、あるいは約束を守るとか、失敗したら謝罪できるとか、内気な自分に打ち勝つことができるといった内面へのアプローチも含んでいます。その点で「しつけ」よりもさらに広い意味があります。

これが欠けると、集団になじめなかったり、逆に集団から拒否されたり、相手を怒らせることが多くなるなどトラブルの原因になるだけでなく、その人が所属する組織の活動に、支障をきたすことが多くなります。

近年、このソーシャルスキルが十分身についていない保育士が目立つようになったと言われています。

ソーシャルスキルは学習できる　　実は保護者とのトラブルや保育園内での連絡不行き届きなどは、このソーシャルスキルの欠落が遠因のひとつではないかとも言われています。

従来、ソーシャルスキルは成長の過程で家族や友人、周囲の大人たちとの関わりから自然に学んでいくものとされてきました。しかし近年は、そうした機会が減少しており、保育士もソーシャルスキルを身につけるチャ

ンスが少なかったのだろうと思われます。しかしソーシャルスキルは、大人になっても学び、習得することができます。

　保育士の力をさらに高めるヒントはこのへんにもありそうです。

ソーシャルスキルだけではない保育士の伸びしろ　　保育士の可能性をさらに広げる伸びしろとしてソーシャルスキルを取り上げましたが、専門性の高い職人気質の仕事だからこそ、それ以外にもこれから伸ばすべき能力があります。

そのひとつが組織マネジメント力。これは一人ひとりの高い能力を組織の力に変える能力です。

一般の保育士にとって重要なのは、ソーシャルワーカーとしての能力です。子どもたちだけでなく、家庭内の育児を支える技術です。

また、これは従来あまり言及されてきませんでしたが、事件事故などの危険性を前提とした認識と行動を促すリスクマネジメントと、それを職員共通の理解とするリスクガバナンスです。保育の現場はその場その瞬間に正しい判断を迫られる状況が数多く発生します。思いつきや単独で行動していたのでは、子どもたちの安全を確保することはできません。リスクを認識し、事前に対処する能力は、大切な子どもたちを預かる保育士がぜひとも向上させなければならない能力です。またリスクという範疇にとどまらず、保育園としての規範、社会との約束ごとを遵守するコンプライアンスに対する意識の向上も不可欠となるでしょう。

管理を任された保育士には、これらに加えて、組織マネジメント力やマーケティング力の充実が欠かせません。組織マネジメント力については、保育士が単独でなく、組織全体でさまざまな出来事に対応する意識と技術とを向上させることです。マーケティング力は、この組織マネジメントを支えるちからです。組織全体を動かすには、保育士たちを顧客と考え、彼らが何を考え、何を求めているのか、何によって行動変容を促すのかといった知識とノウハウが必要となるからです。

さらに現場の保育士と管理職が今後、必ず取り組まなければならないの

が、ICT（Information and Communication Technology：情報通信技術）に対する意識の向上です。ICT ツールは業務を軽減するだけでなく、リスクや組織に対するマネジメントにおいても、大きなちからを発揮するからです。保育士不足の現状において、保育の質を担保することにも欠かせません。

変化への心理的抵抗を減らすこころみ　何度も言うように、保育の仕事はある種、職人的な色彩を帯びています。子どもの様子を観察することひとつをとっても、長年の経験が必要です。それは素晴らしいことですが、一方で、仕事内容を変えたくないという、変化に対する抵抗感を生み出してしまっているのも事実です。しかし現在、保育士を取り巻く状況は、保育士自身に「リスキリング」（reskilling）を求めています。リスキリングとは、「新しい職業に就くために、あるいは、今の職業で必要とされるスキルの大幅な変化に適応するために必要なスキルを獲得すること」[20] です。それほど事態は切迫していると言って良いでしょう。抵抗感を抱く気持ちも理解できますが、上記のさまざまな能力を獲得すれば、保育士自身はもちろん、子どもたちも、保護者にとっても、良い結果を生むはずだとしたらどうでしょうか。

コミュニケーション、エビデンス、仕組み　私たち保育園経営者としては、保育士のみなさんにぜひともリスキリングを促したいところです。しかし号令や命令では効果がないこともわかっています。というのは、私自身がその抵抗に遭った経験があるからです――。

　本書「はじめに」で述べたように、私は異業種から保育の世界に飛び込んできました。前の仕事で培った考え方やノウハウを保育の世界に生かそうと意気盛んでした。代表から「職員に組織マネジメントについて研修をお願いしたい」と依頼が来た時は、いよいよ自分の能力を生かせる機会が

20　経済産業省　デジタル時代の人材政策に関する検討会「リスキリングとは」資料 2-2 より抜粋（https://www.meti.go.jp/shingikai/mono_info_service/digital_jinzai/pdf/002_02_02.pdf）。

やってきたと、PowerPoint で 20 枚に及ぶ資料を作成し、何度もリハーサルを繰り返し、鼻息も荒く研修本番に臨みました。

　ところが結果は悲惨なものでした。鉄板のはずのアイスブレイクは空振りし、時間が進むごとに一人二人と居眠りをする者が現れます。起きている人たちの態度も冷ややかでした。これはショックでした。

　他者にものごとを伝えるには、内容以前に信頼関係を築かなければなりません。そのことに気づいた私は、まずは現場に飛び込もうと考えました。それまで所属していた本部ではなく、系列の保育園に事務方として加わったのです。最初はお客様扱いでした。しかし当時、始めたばかりで、誰もが暗中模索だった地域子育て支援事業へ積極的に関わったことで、徐々にみなさんの態度が変わってきました。

　そして職員共同で行った、地域子育て支援のイベントに企画段階から参加し、組織マネジメントのノウハウを惜しみなく用いた結果、イベントは成功を収めます。それだけでなく、保護者から「こんなイベントを行うことができるのは、マネジメントがしっかりしているからですね」という感想を頂戴したのです。これで、現場のみなさんの態度が一変しました。本物のアイスブレイクが起きたのです。

　これ以降は、研修への取り組み方はもちろん、そこから得た成果をもとに、職員が自主的に活動を始めるようになりました。

　以上は、私が実際に経験した例です。現場の保育士や彼らをサポートする管理職の人たちはみな、多忙な日々を送っています。そんな中でリスキリングのためにスケジュールをやりくりし、ノンコンタクトタイムを捻出するのは容易なことではありません。向上したいという気持ちはあっても、リスキリングを諦めている人が大勢います。私たち経営者には、保育士のみなさんが納得するエビデンスの提示と、さまざまな条件を整え、挑戦へのハードルを低くする仕組みづくりが求められています。またそれを実現するために、私たち自身が現場とのコミュニケーションを図り、さらに深い信頼関係を構築する必要があるでしょう。

第4節　働き甲斐のある保育園の実現が理想への近道

保育士の満足と保育の質の関係　　保育者と保護者のパートナーシップを研究している東京大学情報学環山内研究室では、「保育士と保育の質に関する研究会」を立ち上げ、HP で、その主旨について次のように述べています [21]。

> 「……この数年間の保育を取り巻く社会環境は大きく変化をしています。また同時に待機児童と保育士不足、保育者の処遇改善や働き方改革など、制度面だけでなく実際に保育を行う保育者もふくめた保育全体で取り組むべき問題が顕著化しています。
> そのような中で保育のあり方自体が検討され、とくに最も根本的な『保育の質』についての議論が大きくなっています。保育の営みの根底は『子どもの最善の利益の担保』と言えますが、その前提条件として近年さまざまな要因が指摘されています。保育者の働き方や労働条件、保育室の物的環境や職員間の人間関係、保育制度などです。
> これらさまざまな観点から、これからの時代の『保育の質』についての検討やその要因を明らかにし、そのことによりより良い保育の実践と保育全体の質の向上を目指していく取り組みが、社会全体から求められてます」

　この研究会では、ゼロックス等の企業を対象とした米国での調査において、従業員満足度が 1 ％増加すると、顧客満足度は 0.22 ％増加するという結果を見出したことから、この関係性が、日本の保育者と保育の質との関係でも成り立つのかについて調査をしています。

21　https://www.necqa.or.jp/about.html

実証することができれば、子どもたちに最良の保育を提供するために
は、子どもたちや保護者はもちろん、保育者の満足が必要不可欠だと言え
るでしょう。

　そこにアプローチできるのは、私たちのような保育施設の運営者しかい
ません。たとえば、保育士のみなさんに目前の業務をこなすことを求める
だけでなく、将来のキャリアプランを提案したり、保育のノウハウだけで
ないさまざまな可能性を見出す機会を創り出したりしてあげる。また学習
機会を確保できるように、保育園全体のかたちを工夫するといったことで
す。

　責任は重大です。

理想の保育施設と実現への道程

　それでは第4節までで示したような方策は、どのような理想に基づいているのでしょうか。

　その疑問に対する具体的な回答のひとつが「認定こども園」です。

保育の新しいかたち「認定こども園」　　認定こども園は「保育園を利用しているが就学前の準備も怠りたくない」「幼稚園を利用しているが長時間預けたい」といった多様化する利用者のニーズに対応するため、2006年に「認定こども園法」が制定され、保育所と幼稚園の機能を兼ね備えた施設として創設されました。

　はぐはぐキッズでは、2016年に「はぐはぐキッズこども園東上野」、2020年に「はぐはぐキッズこども園中延」という2か所の認定こども園を開設・運営しています。

　認定こども園は、保護者からも高い支持を得ています。長い間、違う道を歩んできた保育所と幼稚園の長所を備え、保育の質にこだわった業態である点がマッチしたのでしょう。

「コンテンツ」が保育施設選びの基準になる　　認定こども園の人気から、保護者が保育施設にただ預けるだけでない付加価値を求めていることがわかります。その点を捉えて、はぐはぐキッズこども園では、従来のカリキュラムに加え、先に紹介した「ラーニング・ストーリー」による保育士と保護者が協働で子どもたちの育ちを支える仕組みの構築や、英語、体操、アートといった多様なコンテンツの提供を行っています。とくに英語教育では、ネイティブの講師とともに過す「アシスタントティーチャープログラム」を実践しています。

　これらのコンテンツは、技術や知識を学んだり、成績を上げたりするた

めだけではありません。子ども時代に習得するべき、自律性やコミュニケーションといった能力の発芽と成長を促す取り組みでもあるのです。後で詳しく述べますが、これらは「非認知的能力」と呼ばれています。

- 学びに向かう姿勢
- 意欲
- 忍耐力
- 自制心
- 粘り強さ
- 協調性
- 問題解決能力

なども非認知的能力に含みます。近年、乳幼児期においては、IQや学業成績より、こうした能力を伸ばすほうが、人生に良い影響を及ぼす可能性が高いと考えられています。

前述の英語教育は一見、従来の学習教育と同じに思えますが、言葉が通じない相手と同じ時間を過すことで、非言語的コミュニケーションのちからを育み、言葉や出自を超えて他者と共生するというダイバーシティ感覚も身につけることができるという点で、非認知的能力の成長を支えることができます。

はぐはぐキッズこども園は、こうした独自な視点から、さまざまなコンテンツを提供しており、この点において、保護者のみなさんから高い支持を得ています。サスティナブル（持続可能）な保育園のひな形は、このはぐはぐキッズこども園にあると言って良いかもしれません。

理想を実現するための３つの方針　　保育事業のコンサルタントとして著作や講演で活躍されている船井総合研究所出身の大嶽広展（株式会社カタグルマ代表）は、これからの保育園事業は「下山経営」でなければならないと述べています。

下山があるからには登山があります。登山経営とは、売上アップ、利益率アップ、顧客の拡大と、とにかく上を目指す経営です。数年前まで保育業界は登山経営に注目が集まっていました。保育所不足が国家レベルの課

題として取り上げられ、保育施設の開設が続いたからです。

　しかし2024年現在、すでに保育施設は過当競争の時代に入ろうとしています。こうした市場が縮小する局面において重要なのが、この下山経営だと、彼は述べています。

　下山経営では3つの全体指針（囲み内の太字部分）に基づいて行動することが重要だと大嶽は述べています。この3つの指針に、はぐはぐキッズの方向性を重ね合わせてみましょう。

1．世界観・MVV（ミッション、ビジョン、バリュー）の確立
　【はぐはぐキッズの方向性】
　①「何を大切にするか」という価値観の明確化
　②以下2点によるエンゲージメントの積み上げ
　　・子どもたち、保護者、保育者の三者による独自体験の尊重
　　・「ストーリーづくり」の尊重
2．持続的成長のための経営基盤の確立
　【はぐはぐキッズの方向性】
　①収益力強化
　　・事業の多角化
　　・LTV（Life Time Value：顧客生涯価値）強化（＝長期顧客化）
　　・新制度移行への対応
　　・分園・サテライト開設
　　・スケールメリットの追求（M＆A等）
　　・都市部進出
　　・ソフトウェア開発
　②定員規模の最適化
　　・年度ごとの定員の見直し
　　・公定価格の単価向上
　　・混合保育の検討（＝空きスペース活用等）

---

3. 選ばれる園になるための魅力づくり

【はぐはぐキッズの方向性】

①業態・類型

- 認可（≒信用）→認可事業への移行
- 定員規模→中・大規模への移行
- 対象年齢→すべての未就学児童

②立地

- 人口→増加エリアをターゲットとする
- 利便性→顧客志向の立地とリカバリー策の実践
- 競争環境→ポジション別戦略を選択

③保育内容

- 世界観の反映、ストーリー
- 独自性の磨き込みと体験重視
- 個別性の尊重とデジタル教育の充実
- 計画性の育成と思考時間確保の重視
- コンテンツ開発と充実（ラーニング・ストーリー、アシスタントティーチャープログラム等）

④組織・人材・オペレーション

- フラット型組織の構築
- マネージャー型園長の育成
- HR（Human Resources：人的資源）投資の拡充（人材開発や教育の体系化等）
- 業務のデジタル化、DXの推進
- 省力化、外注化、分業化
- 令和型採用への転換（SNSやオンラインによる長期接点づくり）
- オンボーディング強化
- マーケティング思考の採用活動

⑤広報

- 令和型広報スキームへの取り組み（共感、SNS、インタラクティブ、動画、オウンドメディアを重視した展開）
- カスタマージャーニーの設定と利用促進
- 広報専任者の配置

理想の実現に不可欠な現場の協力　　みなさんから求められる理想の保育施設づくりには、このような要素を抽出し、分析し、再構築し、検証していかなければなりません。

　サスティナブル保育園という理想を実現するには、これほど多くの課題を解決していかなければならないのです。

　もちろん、経営者が先頭に立ち、リーダーシップを発揮しなければならないのは当然のことです。しかし、現場を担う保育士や管理者の積極的な協力は欠かせません。

　繰り返し述べるように、保育施設の現場は多忙を極めます。それを無視して、理想だ、リスキリングだと急き立てるだけでは、無責任のそしりを免れないでしょう。そこで私たちは、第4章にあるような方法にトライしてみることにしました。

第 4 章

論文
「大人のマイクロラーニング・ストーリー」
要旨

保育園にとって、保育士が「かなめの石」だということはわかっていただけたのではないでしょうか。この章では、キーパーソンである保育士たちのスキルアップを、私たち「はぐはぐキッズ」がどのように支えているのかについて、考え方と実践のひとつを紹介します。

第1節　ステークホルダーと良好な関係を築く方法

　本章は、第1章から第3章までの認識を踏まえて、

「じゃあ、どうすればいいのか？」
「何からとりかかればいいのか？」

という問いかけに対する、小さいけれど具体的な答えのひとつです。
　現状を打破する課題のひとつは「ステークホルダーと良好な関係を築くこと」。それならば、現場の保育士のみなさんの、その能力を伸ばせばいいではないか――という単純ですが明確な答えを、近年、技術的な発達と普及が著しいITツールを用いて実現しようというこころみが述べられています。
　私が改めて述べるまでもありませんが、理屈を並べるよりも、日々の地道な努力のほうが、周囲の信頼を得る最良最短の道であることは、聡明な読者のみなさんならよくご存じのはずです。
　保育業界も夢や理想、未来ばかり語っているわけではなく、足元を見ながら、一歩一歩進んでいます。
　私たち「はぐはぐキッズ」も例外ではありません。
　私は、本章のようなこころみから、そんなことを読み取っていただくことを願っています。
　なお本章は、2021年度に、著者が昭和女子大学大学院に提出した修士論文をもとにしています。

第2節　修士論文「大人のマイクロラーニング・ストーリー」要旨

（1）これからの保育園に求められているもの

保育所過剰時代への対応　　2021 年 5 月 27 日付の日本経済新聞に、次のような見出しの記事が載りました。

「保育所、迫る『過剰時代』」

記事は、前日に厚生労働省が発表した「保育を取り巻く状況について」に関する内容でした。保育所の利用児童数が、2025 年をピークにゆるやかな減少へと向かうというのです。

日本の保育業界では高度経済成長期以降、「待機児童問題」の解消が課題となっていました。2010 年代半ばからは、いわゆる「共働き家庭」や「ひとり親家庭」の増加にともない、保育所の需要増大はさらに加速しました。

そこで各自治体は、保育園増設にちからを入れてきました。2010 年に待機児童数全国ワーストワンだった横浜市が、3 年後の 2013 年に待機児童ゼロを達成したというニュースはたいへん話題になりました。

ところが、数年後には需要と供給の関係が逆転しそうだというのです。原因は言わずとしれた少子高齢化です。そしてその際、保育所に問われるのは「保育の提供のあり方」だと記事は述べています。

保育の提供のあり方とは　　このような状況では、保護者が満足できる保育を提供できなければ、いずれ淘汰されることはまちがいありません。業界内でも、大手業者が生き残り、中小が減少する、その中小の中でも、認可外保育所、小規模保育所、認証保育園[22]の順に姿を消していく、などと

---

22 「国が定める基準をクリアした保育施設」の認可保育園に対し、「国の基準ではカバーできない保護者のニーズに応えるために、自治体が独自に定めた基準をクリアした保育施設」を「認証保育

予想されています。

　そこで多くの保育所では、斬新な保育方針や高い効果を謳ったメソッドの導入、画期的なサービスなどを前面に押し出して、園児の募集が行われています。先に述べた「保育の提供のあり方」を研究した結果です。

　とくに注目されているのが、非認知的能力教育です。

　非認知的能力とは、学業成績など数値化できる能力とは異なり、ものごとに対する意欲や粘り強さ、計画性や自制心、周囲の人との協調性やコミュニケーション能力などといった数値化できない能力を指します。ダイバーシティに富んだ社会にあっては、主体的に、たくましく、賢く生きるための基礎として、欠くべからざる能力だと言えるでしょう。

　この非認知的能力は、幼児期から開発に取り組むほうが、効果が高いと言われています。したがって、保護者は保育所にこの能力の開発を期待し、これに力を入れていない保育所は、生き残りがむずかしいだろうとさえ言われています。

今後求められる保育所像　　非認知的能力教育には、子どもたちと直接接する保育士に高い技術と知見が不可欠です。子どもたちをより良い方向にいざなう技術はもちろん、成長や課題を保護者と共有し合わなければ、目的は達成できません[23]。

　では、この目標を実現させるための課題は何でしょうか。

　まずは個人（保育士）と組織（保育所）に分けて、考えてみましょう。

（2）保育士が抱える課題

求められる保育士のソーシャルスキル　　他の産業と同じく、もっとも重要なのは、それらを実施するスタッフのクオリティです。

　クオリティといっても保育技術のことではありません。それらも不可欠

園」といいます。

23　本書「はじめに」脚注 7）「マイクロラーニング」の記述を参照してください。

ですが、すべてを貫く「ソーシャルスキル」を高めることがとくに重要なのです。

　ソーシャルスキルとは、

　　①仲間から受け入れられたり、
　　②人との関わりの中で好ましい結果を得ることができる一方で、好ましくない結果を避けることができたり、
　　③コミュニティや社会のために考え、行動できたりする、

　という能力のこと [24]。わかりやすく言うと、「大人としての礼儀作法、言葉づかい、TPO をわきまえた態度や行動」です。

　保育業界の最前線で働く保育士は、大切な子どもたちを預かるという仕事の性質上、保護者のみなさんとのやりとりはもちろん、行政や地域住民とのコミュニケーションの機会が数多くあります。ふだんは子どもたちを相手にしているので、そうは思われないかもしれませんが、実は高いソーシャルスキルが求められる仕事なのです。

ソーシャルスキル不足が生み出す誤解　　しかしこれまで、保育士のソーシャルスキルは高いとは言えませんでした。原因として、保育職は専門性の高い仕事であり、専門学校や大学では保育技術を中心に指導していることや、多くの保育士が「子どもが好き」を志望動機として挙げていることが考えられます。ソーシャルスキルが不十分なまま、保育士として働いているケースはまれではないのです。

　厚生労働省の発表によると、保育士の平均年齢は全体で 36.7 歳です。40 歳以上のベテラン保育士がいる反面、30 歳未満が全体の 3 分の 1 を占めます。一方、第 1 子出産時の母親の平均年齢は 30.9 歳、父親は 32.9 歳 [25] です。

24　『現代心理学辞典』（有斐閣・2021 年）の「ソーシャルスキル・トレーニング」の項目を参照。
25　厚生労働省『人口動態調査　人口動態統計　確定数　出生』（人口動態調査 人口動態統計 確定

保育士の年齢が保護者より低いというケースが、意外に多いのです。また近年、子どもの教育や日常生活に積極的に関わろうとする男親が増えてきました。朝夕の送り迎えに父親の姿を見ることも珍しくありません。

こうした要因から、保育士と保護者が、あたかも企業における部下と上司のような関係になることが往々にして見られるようになりました。

そしてこれが、円滑なコミュニケーションを阻む要因のひとつになろうとしています。男性保護者との関係性の例はもっとも極端なパターンですが、ソーシャルスキルに欠けた態度で保護者と接してしまうことが原因で、誤解やいさかいが生まれてしまい、どちらも疲弊してしまうのです（p69 の「ハラスメント保護者の出現」も参照）。

さらに深刻な子どもたちの安全面への対応　　2021 年 12 月 11 日、日本経済新聞に下記のような見出しの記事が掲載されました。

「保育施設の事故、対策急務　質の向上『時間足りない』」

同記事は内閣府の発表をもとにしたもので、児童が大けがを負ったり死亡したりした事故は 2020 年に 2015 件に上り過去最多を更新した、というのです。その遠因は、2010 年代半ばの急激な保育園の増加にあり、「通常業務で手いっぱいで思うように研修を受けさせられない」（都内の認可保育所所長のコメント）状態がつづき、保育の質が担保されていないことが挙げられていました。

ソーシャルスキルの不足と子どもたちの事故は一見、異なる事象のように思えます。しかし、その有力な解決策は同じだと考えてまちがいないでしょう。それは現場にまで届く「教育」です。

（3）組織の抱える課題

組織マネジメントの必要性　　課題を抱えているのは保育士という個だけ

数 出生上巻 4-19 出生順位別にみた年次別父・母の平均年齢 | 統計表・グラフ表示 | 政府統計の総合窓口（e-stat.go.jp）。

ではありません。保育園自体も同じ課題を抱えています。それというのも、「今後求められる保育所像」を実現するには、組織のちからが必要となるからです。

　近年、企業経営にはM（ミッション：企業が目指す目的・使命）、V（ビジョン：具体的な将来像）、V（バリュー：一人ひとりが日常的に拠り所とする価値）が必要とされています。保育園も例外ではありません。

　とくに非認知能力教育は、保育所全体が一体となり、一貫した価値観のもとに取り組まなければ、高い効果は得られません。

保育所の課題　ところが、ここにも高い壁があります。それは組織マネジメントのキーパーソンであるべき、施設長や主任・副主任クラスの人材が豊富でないことです。一般企業でいう「管理職」であるこれらのポジションを目指す保育士はあまり多くありません。「管理や事務はできるだけ関わりたくない仕事。できるだけ長く子どもたちと過したい」というのが、多くの保育士たちの本音です。

　保育業界の求人は、長い間「売り手市場」です。そのうえ、キャリアアップを目指すモチベーションが全体的に低いことが、保育に情熱を傾ける保育士が大多数であるにもかかわらず、保育所としての求心力に欠ける原因であろうと考えられます。

　「保育所過剰時代」を乗り越えるには、この課題を放置するわけにはいきません。ただし、これも「教育」の力で支えられるはずです。

（4）なぜ「サスティナブルな保育園」なのか？

保育士の意外な退職理由　保育士の課題と保育所の課題とは、表裏一体です。保護者に選ばれる保育所は、同時に保育士に選ばれる保育所でもあるからです。

　つまり「サスティナブル（持続可能）な保育園」を作り上げることが、保育所を運営する私たちの究極の課題だと言えるでしょう。

　しかし、現実はそうはなっていないようです。

先ほど保育業界の求人は長い間、売り手市場だったと述べましたが、多くの優秀な人材が、志半ばで職場を去っています。これは業界全体の課題です。そこで保育人材確保策の第一歩として、厚生労働省は、彼らの「退職理由」のデータをまとめました（図1）。

図1　過去に保育士として就業した者が退職した理由

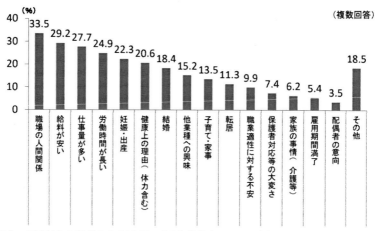

出典：「保育士の現状と主な取組」（厚生労働省、2020年）

　これによると、「職場の人間関係」が原因で退職した保育士が3分の1を占めています。

　この結果に対し、筆者は少なからぬ違和感を覚えました。

　筆者は保育業界に身を投じる以前、ある民間企業に勤めていました。入社後30年で同期は半数近くが退職しましたが、もっとも多かった理由が「転職して自分の希望に合う職場に移る」というものでした。図1では「他業種への興味」や「職業適性に対する不安」などにあたります。大きな割合を占めているわけではありません。

　そこでこの疑問を解消するべく、私たち「はぐはぐキッズ」が毎年9月に全職員を対象に行っている意向調査の結果を再確認してみました。

　それが以下の図2と図3です。

図2　職員との人間関係（はぐはぐキッズ調べ）

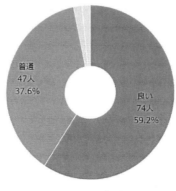

■ 良い：74人(59.2%)
■ 普通：47人(37.6%)
■ 改善が必要：2人(1.6%)
■ 未回答：2人(1.6%)

図3　仕事に対する満足感（同）

■ 満足：18人(14.4%)
■ ほぼ満足：46人(36.8%)
■ 普通：52人(41.6%)
■ やや不満：5人(4.0%)
■ 不満：2人(1.6%)
■ 未回答：2人(1.6%)

一目瞭然ですが、ほとんどの職員は、他の職員との人間関係は良いと答えています。仕事に対する満足度も高いようです。もうひとつ意向調査の結果を見てみましょう。これは今後の勤続意志について質問した結果です（図4）。

図4　今後の勤続意思について（同）

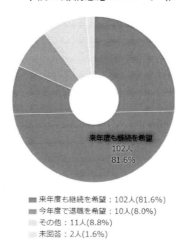

　　■ 来年度も継続を希望：102人(81.6%)
　　■ 今年度で退職を希望：10人(8.0%)
　　　 その他：11人(8.8%)
　　■ 未回答：2人(1.6%)

　図2、3と図4にギャップがあることに気づいたでしょうか？　人間関係や仕事に対して不満をもつ者の割合が、退職希望者を下回っているのです。

　このギャップはなぜ生まれたのでしょうか。

なぜ保育士を続けないのか　　今度は違う角度からの調査を見てみましょう。少し古い調査になりますが、図5は、保育士の資格をもっているにもかかわらず、保育士として就職を希望しなかった人に、その理由を尋ねたものです。

図5　保育士への就業を希望しない理由（複数回答可）

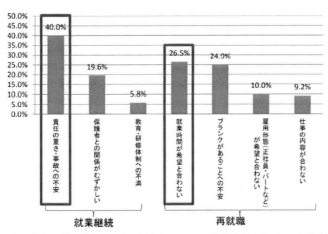

出典：「保育士資格を有しながら保育士としての就職を希望しない求職者に対する意
　　　識調査」（厚生労働省、2013 年）

　この調査によると、就業時間等の条件を除けば、「責任の重さ・事故へ
の不安」が１位であり、次点が「保護者との関係がむずかしい」となって
いました。多少、牽強付会ではありますが、先に見た勤続意思（図４）と
保育所内の人間関係や仕事の満足度（図２、３）とのギャップを埋める、
ひとつの仮説としては注目に値すると考えます。
　というのも、保育業界が近年抱える問題と根っこが同じであることが見
てとれるからです。

ハラスメント保護者の出現　　「ハラスメント」という言葉はすでに一般
化しています。しかし、改めて定義を確認しておきましょう。
　「ハラスメント」とは「自分より弱い立場にある者に対して、心理的・
肉体的攻撃を繰り返し、相手に深刻な苦しみを与える行動」です。事象が
起きた場面によって「パワーハラスメント」（職場）、「セクシャルハラス
メント」（性関連）、「アカデミックハラスメント」（高等教育機関）などと
名前は変わります。厚生労働省によると、

①優越的な関係に基づいて行われる
②業務の適正な範囲を超えて行われる
③身体的もしくは精神的な苦痛を与える

　という要素をすべて満たした場合が、ハラスメント（パワーハラスメント）であるとしています[26]。

　ハラスメントのひとつに「カスタマーハラスメント」があります。客が店の従業員に対して過剰な要求をしたり、暴言・暴力をふるったりするケースです。実は保育業界でも、このカスタマーハラスメントに悩まされるようになりました。

　例としては、

「子どもの保育に対する姿勢が良くない」
「お迎えの際の先生の態度が悪い」
「お迎えに遅れる旨の電話をしたが、声が嫌そうなトーンだった」

　といったクレームを受けるなどがあります。事実である場合は保育士と保育園とが真摯に受け止め、改善に向けて努力します。しかし繰り返し苦情を入れる、怒鳴り込むなどの強硬な態度をとるなど「カスタマーハラスメント」に近いケースが、少なからず見受けられるようになり、ついにはハラスメントが原因で、担当の保育士が退職を余儀なくされるという深刻な事例もあります。

ハラスメントが起きる要因　　　最近の研究では、カスタマーハラスメントが増えた要因として、次の６点が考えられるとしています[27]。

26　厚生労働省雇用環境・均等局『パワーハラスメントの定義について』（2018 年 10 月 17 日）。
27　関山浩司『「知らなかった」じゃすまされない ハラスメントを予防・解決する保育の職場づくり』（中央法規、2020 年）。

①消費者の地位向上と権利意識の高まり

②企業への不信感の増大

③急激なメディア環境の変化

④規範意識の低下に伴う、苦情障壁の低下

⑤過剰サービスによる過剰期待

⑥社会全体の疲労と不寛容社会の到来

　前述した私たちの保育所での事例に、この６点をあてはめてみると、ハラスメント保護者には、次のような傾向があるとわかってきました。

（ⅰ）高学歴・高収入である

（ⅱ）保育・幼児教育に対して一家言をもつ

（ⅲ）遅い年齢で授かった子どもである

（ⅳ）働き盛りで多忙である

　つまり社会的に高い地位にあり、知識や経験が豊富で、かつ自分の子どもに対し強い愛情をもつ保護者が、ハラスメントの加害者になりやすいのです。

　一方、すでに述べたように、保育士は専門的な訓練を受けていても、ソーシャルスキルのレベルが十分でない場合が多く、また組織全体で対応にあたる意識も低いので、保護者からの強い要求やクレームに、迅速に対応できないことが多く、それが保護者の不満を増幅させていたという可能性は否めません。

「はぐはぐキッズ」が講じた解決策と、その先にあるもの　　他人事ではないこの問題を解決するため、私たちは次の４つの対策を講じました。

（ａ）エビデンスに基づく対応（ただ謝罪するのではなく、日々の保育の状況を管理職がチェックし、保護者に説明する）

（ｂ）定期的な研修の実施（保育分野はもちろん、人権問題等についても研修を実施し、「園だより」や掲示によって保護者に報告する）

　（ｃ）「はぐはぐキッズ」のビジョン・保育方針の理解促進（上級管理職が保護者面談に参加し、保育所の指針を丁寧に伝える）

　（ｄ）コミュニケーションの強化（連絡帳、「園だより」、掲示等を通じて保護者に対する定期的な情報発信を行うとともに、お迎え時の会話を通じて保護者との相互理解を深める）

　これらの対策を講じることで、保護者ハラスメントの原因発生を抑えることが可能であると考えました。

　しかし目的は、ハラスメント問題の解決に留まりません。その先にあるのは、退職要因を注意深く排除し、保育士一人ひとりが安心してキャリアを積み上げることができる環境を醸成することです。

　それが達成できれば、多くの子どもたちと保護者にさまざまなかたちで利益を還元でき、その結果、「はぐはぐキッズ」がサスティナブルな存在となるはずです。次の項目では、そのこころみに焦点を当てます。

（５）スキルアップを目指す保育士の実態

　近年、「はぐはぐキッズ」が位置するような都心部では、保育士を希望する人が少なくなっています。そこで地方各地からの採用が増えています。

　とくに私たちの保育所では、英語教育や非認知能力を活性化させるアート教育などに力を入れているため、それらに強い関心をもち、従来の保育所の枠に捉われない新しい知見を自分のものにしたいと考え、応募してくる地方の保育士が多数います。

　ただ、志が高い一方で、前述したソーシャルスキルは、まだまだ開発の余地が大きいようです。これを保育所がどのように支え、伸ばしていくかが、本研究のメインモチーフです。順を追って説明しましょう。

入社直後のリアリティショック　　どの企業でも起きることですが、新入社員はまず、入社前の予想と入社後の現実とのギャップに驚く「リアリティショック」を受けます。保育士も例外ではありません。

　松浦の研究は、この保育士のリアリティショックを取り上げ、因子分析の結果として、次の4つを要因として挙げています[28]。

- 業務負担の重さ
- 職場の問題
- 力量不足
- 心理的孤立

　下位尺度を見てみると、「いつも時間に追われている」「職員間の人間関係に厳しさを感じる」「自分の能力が足りないと思う」「保護者から信頼されていない」といった項目が上位にあがっているのがわかります。

　しかしながら、こうしたリアリティショックは、特性自己効力感[29]、保育者効力感[30]、ソーシャルスキルによってある程度、発現を予防できることがわかったということです。つまり、施設長や主任など上司、同僚、そして保護者とのコミュニケーションがショックを緩和するのです。調査結果は、私たちの経験とも一致します。

　保育所がすべきことは、こうした解決策をお題目として唱えるのではなく、管理職をはじめとするステークホルダーとの会話の機会を増やし、自然にソーシャルスキルを向上できるような仕組み——たとえばOJTであり、先輩職員をメンターに指定する——を準備しておくことでしょう。

28　松浦美晴他『保育士リアリティショック尺度の作成』保育学研究 58 巻 2-3 号（2020 年）。

29　自分は達成できるという信念。

30　子どもの発達に望ましい変化をもたらすことができるという信念。

表1 保育士RSギャップ尺度の因子分析結果（最尤法 プロマックス回転）

下位尺度と項目	因子負荷量			
	I	II	III	IV
I　業務負担の重さ（a = .870）				
仕事の量が多い	.926	−.071	.019	−.086
業務の種類が多い	.831	−.056	.021	.011
休みたくても休めない	.692	.070	−.225	.031
残業が多い	.613	.041	.010	.007
持ち帰り仕事が多い	.608	−.127	.189	.002
プライベートの時間がなくなった	.531	.012	.022	.185
人手が足りない	.488	.086	.090	−.150
学生時代と比べて思い切り遊べない	.444	.036	.118	.001
いつも時間に追われている	.428	.166	.270	.031
予定外の仕事が入ることが多い	.413	.062	.104	.029
II　職場の問題（a = .825）				
職員間の人間関係に難しさを感じる	−.170	.799	.319	−.008
怖い先輩保育士がいる	−.079	.764	.097	−.105
先輩保育士からのサポートが得られない	.002	.576	−.100	.201
職場では新人が仕事をしやすい配慮がされている	−.166	−.561	.161	.179
職場の方針に不満がある	.015	.549	−.216	.021
職員間の上下関係が厳しい	.144	.517	.020	.111
職員間の連携がうまくいっていない	.161	.509	−.107	.170
III　力量不足（a = .741）				
自分の能力が足りないと思う	−.028	−.097	.761	.138
子どもの安全に配慮するのが大変	.046	−.096	.699	.120
仕事の責任が重い	.268	.101	.459	−.108
学生時代の実習と比べて多くのことを求められる	.192	.065	.456	−.059
手のかかる子どもがいる	.080	−.018	.397	−.099
IV　心理的孤立（a = .630）				
子どもから保育士として認めてもらえない	−.049	−.103	.147	.586
保護者から信頼されていない	.022	−.087	.189	.566
学生時代に習った手遊びや読み聞かせに子どもが興味を持ってくれない	.186	.012	−.234	.474
保護者同士のトラブルがある	−.109	.145	−.013	.439
家族や友達には仕事の悩みを相談できない	−.042	.164	−.075	.406

因子間相関		I	II	III	IV
	I	1.000			
	II	.487	1.000		
	III	.431	.161	1.000	
	IV	.197	.436	−.030	1.000

出典：松浦他（2020）より転載

低いキャリア形成への意識　さらに別の角度から、保育士の勤労意識について取り上げてみましょう。

陳によると、日本と中国の保育士には、仕事に対するモチベーションに差があるのだと言います。

> 「中国の保育制度には学歴と学歴の向上が昇進につながるシステムがあり、結果として専門性の向上につながり、モチベーションが高くなる。一方、日本では学歴向上によって、必ずしも昇進や給与増につながらないので、意欲が湧かない要因にも考えられる。日本の保育者は『研究活動』を行いにくい環境におかれている」[31]

先にも述べたように、厚生労働省や人材関連会社の見解では、「退職の主な理由＝人間関係」が大きな要因であると考察されていました。しかしここに、キャリア形成意識の低さが影響しているのではないかという新たな見方が登場したのです。

つまり、保育スキルを高めようとする意欲は非常に高いものの、それをキャリアアップにつなげる意識はあまり高くないのではないかということです。この見解は、管理職への昇進を希望せず現場にこだわる保育士が多い、という現状と合致します。

しかし、保育スキルのアップから各ステークホルダーとのコミュニケーションまで、保育士が単独で目標を達成するには、現場をマネジメントする管理職が必要不可欠です。保育所が、保育士のスキルアップだけでなくキャリア形成に対する姿勢も支える必要がありそうです。

（6）はぐはぐキッズの「研修」への取り組み

効果が低かった従来の研修　こうした状況を改善する目的で、私たちの

31　陳　惠貞「保育者の労働・生活・文化の実態と意識の日中調査から考える研究・研修制度と保育者のモチベーション」（2017 年）

保育所では、以前から保育士のスキルとキャリアアップ意識の向上を図ることを目的に、「研修」を実施してきました。日程を決め、対象者を絞り、内部の上級者や外部から招いた講師によって行うものです。以下の表2は、2019年に実施した年間研修です。

表2　2019年度はぐはぐキッズ年間研修（筆者作成）

日程／対象	内容	講師
3月10日午前／新任職員	・会社概要 ・社会人マナー ・コミュニケーション ・報連相 ・子どもの人権	社内（本部）
3月10日午後／新任職員	・指導案 ・保育実践 ・室内リーダー	社内 （施設長）
3月17日／新任職員	・発達障害	外部
4月12日／保育士（若手）	・避難訓練	社内
5月16日／保育士（中堅）	・0、1歳児の保育	外部
5月21日／保育士（中堅）	・2、3歳児の保育	外部
6月18日／保育士（中堅）	・4、5歳児の保育	外部
8月3日／保育士（新任）	・振り返り研修	社内（本部）
9月10日／保育士（中堅）	・保護者対応	社内
10月15日／主任、副主任	・リーダーシップ	外部
11月3日／全職員	・食育 ・衛生管理 ・障害児 ・英語	社内外部
12月14日／施設長	・職員評価	外部

　対象者は新人職員から現場の保育士、管理職である主任や施設長まで幅広く、内容もソーシャルスキルから専門知識、保護者への対応からマネジメントまで多岐にわたります。16回の研修のうち7回を外部講師に依頼

するなど、先進的な意見や技術を積極的に取り入れた研修メニューでした。

　しかし、研修での知見の獲得は参加者のみに限られ、現場スタッフの間で共有化されるケースがほとんどなく、結果として、一過性のものに終わってしまっていました。やりっぱなしの研修では、現場での実践につながらないのです。

「往還型研修」という考え方の導入　　そこで、この問題の解決に取り組みました。まず注目したのが「研修転移」という考え方です。研修転移とは、「研修で学んだことが、仕事の現場で一般化され役立てられ、かつその効果が持続されること」をいいます。私たちが実施していた研修では、この「研修転移」が起きていなかったと言っていいでしょう。

　そこで、大豆生田が「保育の質向上と外部研修のあり方」[32] の中で研究した「往還型研修」を参考に、研修のあり方を変えていきました。

　往還型研修とは、外部研修で受けた内容を現場で実践し、その結果を次の研修の材料とする方法をいいます。その特徴は、

　　①研修と実践を行き来（往還）する双方向型である
　　②現場で他の保育士と一緒に実践することから協働学習型である
　　③１回完結ではなく往還継続型である

の３点です。

　大豆生田の論文では、「往還型研修」を実践した保育士に対し、十分に効果があったという結論でした。

はぐはぐキッズへの応用　　そこではぐはぐキッズでも、この「研修転移」「往還型研修」という考え方と、前述の2019年に実施した研修で明らかになったデメリット（外部講師の選定と条件すりあわせがむずかし

32　大豆生田啓友「保育の質向上と外部研修のあり方」小児保健研究第79巻2号（2020年）

い、参加職員のスケジュール調整がむずかしい）を再検討し、2020年か
らは研修方式を次のように改めました。

〈施設長〉
　①外部講師の招聘ではなく、主に施設長が講師を務めるスタイルに変
　　更
　②講師役とテーマは施設長間の話し合いで決定する
〈主任・副主任〉
　③主任・副主任に対しマネジメント研修を本部主導で開催する
　④マネジメント研修では、本部がテーマに沿ったヒヤリングを事前に
　　実施。当日は参加者全員が事例や意見、課題をもち寄り、他の保育
　　所（はぐはぐキッズは複数の園を運営しているため）の参加者と討
　　議する
　⑤マネジメント研修のテーマは次の通り
　　第1回「マネジメントの理解」
　　第2回「リーダーシップ」
　　第3回「組織目標の設定」
　　第4回「人材育成」
　　第5回「働きやすい環境づくり」

　これらの工夫の結果、各自の自発性やマネジメントへの意識の芽生えが
見られるようになりました。研修転移が起こったのです。
　要因としては、従来の研修は一方向の教授─学習型でした。これを施設
長レベル、主任・副主任レベルともに協働学習型に改めた点、また、自分
たちでテーマを決め、事例や課題、意見を考えた点などが挙げられるでし
ょう。
　しかし、研修後に行ったアンケート調査では、改革の効果が思ったほど
ではなかったことがわかりました。たとえばこのような感想が多数記され
ていました。

（ⅰ）自身のスキルアップにはつながったが、園のスキルアップにつ
　　　ながっていない
（ⅱ）研修後のフィードバックが十分でない
（ⅲ）外部の専門家を講師として招くことも必要
（ⅳ）研修・拘束時間が長い（研修は2時間）

　この結果から研修転移はわずかであり、さらなる工夫が必要であること
がわかりました。

COVID-19 の副産物　　2020年になると、新型コロナウイルス（COVID-19）によるパンデミックが起き、保育所も閉鎖される期間が長く続きました。そんな状況下、窮余の一策として始まったのがオンライン研修です。

表3　2020 〜 2021 年に実施した主なオンライン研修（筆者作成）

日程／対象	内容	方式
2020 年 11 月／中堅	保護者対応	Zoom
2021 年 1 月／主任・副主任	マネジメント	Zoom
3 月／新任職員	新任研修	Zoom
4 月／各所からの推薦者	ラーニング・ストーリー	Zoom
6 月／幼児リーダー	幼児リーダー研修	Zoom
6 月／乳児リーダー	乳児リーダー研修	Zoom

　偶然から始まったオンライン研修ですが、実施後に行ったアンケート調査から、さまざまな長所、短所のあることがわかってきました。

〈メリット〉
　• 移動に手間暇がかからない
　• 研修後にも保育の現場に戻ることができる
　• 他の受講者の表情が見やすく、思いを共有できやすい
〈デメリット〉
　• グループワークがむずかしい

- 参加者同士では細かい話ができない
- ネット環境に左右される

　これらを分析するうちに、案外、オンライン研修と保育業界との相性は良いのではないかと考えるようになりました。条件さえ整えれば、時間や場所の制約が既存の研修スタイルより少ないからです。
　そこで保育業界と研修、およびオンライン研修を含めた ICT の活用に関する先行研究の調査を行いました。

（7）先行研究の調査と結論

保育業界に共通する研修の課題　　先行研究を調べてみると、私たちの抱える課題はけっして特殊ではないことがわかりました。
　たとえば青山は「主任保育士が園内研修を実施する際に困難さと課題があった。これらは、保育の長時間化や保育士不足による職員体制の複雑化が影響しており、日にちと時間を決めて全員参加で行う研修が保育現場では困難になっていることを示している」[33] と、私たちが従来の研修を実施した時に生じた問題を共有しています。
　同じことを野崎は「『研修推進上の課題』を見ると、認識の如何に関わらず『研修時間の確保』が大きな課題である。認識をもつ園においては、『研修の内容、進め方』を挙げる園の割合が顕著に高くなり、研修を重ねるに従い課題が運用上の事柄に移行していく」[34] と述べています。
　野澤は、「主任保育者が多様な業務の中で、多様な人々と関わりながらその関係性を調整し、多様な経験知を働かせている」とし、主任保育者を園内研修のキーパーソンに挙げています [35]。

33　青山裕美他「園内研修を創り出す主任保育士研修の試み」（2020 年）

34　野崎司春「園内研修の実態と園長の認識との関連について」（2019 年）

35　野澤祥子「保育者の実践知を可視化・共有化する方法としての『パターン・ランゲージ』の可能性」（2018 年）

研修における動画の活用　　Zoom による web 会議が日本で一般化したのは、今般の新型コロナウイルス禍が端緒となっています。しかし、研修における動画の活用については、すでに 2009 年という早い時期に、小田がテーマに取り上げ、「ビデオ撮影の動画を園内研修で使用し、繰り返して再生することでカンファレンスが進む」[36] と述べています。

　さらに黒原は、動画の研修利用について、保育者は自身の隙間時間を有効活用して、動画を視聴し、研修を実施できたとしています [37]。

　そして 2020 年に井上は、反転学習の考え方を取り入れ、研修内容の充実と時間の短縮を目指すモデルとして、①事前動画視聴、②事前課題の作成、③集合研修への参加、の 3 つを挙げ、これらにより（a）モチベーションが高まり学ぶ意欲の向上につながる、（b）アクティブラーニング型の研修を実体験できる、（c）研修時間にゆとりが生まれる、等の効果が期待できると述べています [38]。

　「反転学習」とは、バーグマンとサムズが提唱した学習形態のひとつ [39]。学校で学習（授業）し、自宅で復習（宿題）するという流れを反転させ、自宅で学習（予習）し、学校で復習（授業）するというスタイルを指します。予習を重視することで学習内容を深く理解でき、授業でのアウトプットの習慣も身につけることができると言われています。

　さらに井上は「オンライン研修を実施することは、教員の ICT の利活用能力の育成やこれから求められる教職員の資質向上につながる大切な基盤になる。さらには、教員個々に応じた学びや学び直しにもつながる」としています [40]。

36　小田礼子「保育者の資質向上のためのカンファレンスについての一考察」（2010 年）

37　黒原貴仁「ICT を活用した保育者研修会の実践的研究」（2017 年）

38　井上和俊「オンラインによる研修を効果的に活用した中堅教員資質向上研修モデルの開発に関する研究」（2020 年）

39　バーグマン,J ＝サムズ,A ／上原裕美子訳／東京大学大学院情報学環反転学習社会連携講座監修『反転学習』（オデッセイコミュニケーションズ、2015 年）

40　井上・前掲注 38）

オンライン研修への注目とその波及効果　　従来の研修での経験、オンライン研修の実施、さらには先行研究の調査などから、保育職員に、ソーシャルスキルや組織マネジメントをはじめとするさまざまな分野の研修を実施して、それらを個人と組織に定着させ、保育所全体のレベルアップにつなげるという目的を達成するには、現時点においては、オンラインを活用した研修がベターな選択ではないかと考えるに至りました。

　そして、この方式をいち早く採り入れることは、その他のさまざまな分野に波及するのではないかと考えるようになりました。

　近年、保育園の未来図を描く中で欠くことができない要素になりつつあるのが、業務の DX（デジタルトランスフォーメーション）であると言われているからです。

　ところが、事務手続ひとつとっても、手書き、紙の書類、口頭での連絡といったアナログな手法が、いまだ大多数を占めています。しかし、高い保育レベルを維持・発展させ、なおかつ、個々の保育士の生産効率の向上と労働量の軽減を図るには、DX が欠かせません。

　しかし、保育所は女性の働き手が多い職場です。デジタル機器に苦手意識をもつ人が、他の業界に比べて多い傾向にあります。そこで、このオンライン研修が、保育士たちがデジタル機器に慣れ、業務全体の DX を進めるための糸口にできると考えたのです。

（8）オンライン研修の実践

先行研究を調べる　　こうした経緯から、はぐはぐキッズでもオンライン研修を実践してみることにしました。これについてもまず、先行研究を調べてみました。

　たとえば十河は、研修動画コンテンツの開発における重要な課題として、

　　①学習指導要領解説等の基本的な事項をよりわかりやすく取り上げる
　　　ための工夫

②多様な分野でのコンテンツ開発

③ネット上で視聴するだけでなく、その後の相互やりとりができる環境づくり

④効果的に活用してもらう広報の重要性

の4点を挙げています[41]。

また中川は、

（ⅰ）教育現場での映像教材の利用実態を知る

（ⅱ）映像教材の登場人物や音楽やストーリー等の面白さを分析する

（ⅲ）映像教材のどこに価値があるかを探る

（ⅳ）映像教材をどう使うかを探る

（ⅴ）映像教材の効果的な見せ方を探る

（ⅵ）映像教材を使ったアートプログラムを企画する

（ⅶ）（ⅵ）を実践する

（ⅷ）オリジナル映像教材を制作する

（ⅸ）映像教材に関する提言をまとめる

という9つの課題を挙げています[42]。

多喜は、全体の構成に言及し、「様々な学習活動を組み合わせてユニット化したものをマイクロフォーマット形式と呼んでいる。マイクロフォーマット形式の研修設計は、基本的に30分を1ユニットとして以下の要素で構成している。（1）15分間のレクチャー、（2）10分間のグループワークや議論、（3）5分間の全体シェア、（4）質問カードへの回答、となっている」と述べています[43]。

また新型コロナウイルス禍の渦中にパーソル総合研究所が行ったオンラ

41　十河妹他「学部と附属による若年教員向け研修動画コンテンツの開発」（2019年）

42　中川泰他「映像教材を使ったアートプログラムの再考」（2010年）

43　多喜翠他「マイクロフォーマット形式による研修の実践と効果の検証」（2016年）

イン集合研修に関する調査では、これらの意見を総合するような結論と提言がなされています。

　たとえば、オンライン集合研修で成果を高めるためのポイントとして、①研修前の「学習期待感」、②研修中の「没入感」、③研修直後の「職務効力感」、を挙げ、これらを高めることが研修内容の職場での実践につながり成果を生み出していると述べています[44]。さらに、①〜③の３つの場面におけるチェックポイントをこのように示しています（図６）。

図６　成果につながるオンライン集合研修のためのチェックポイント

【研修前のフォロー・学習コンテンツの準備】
意味づけ■研修の目的・意味・内容や研修を受けるメリットについて説明する→研修前に、研修の目的や意味、メリットを伝えることで学習期待感が高まる。学習期待感が高いほど、研修中の没入感や職務効力感が高まり、職場での実践につながりやすい。とくに、上司から研修意図や内容についての説明があると職務効力感が高まりやすい。
上司の態度■受講者の上司が、受講者を励まし、こころよく研修に送り出す→上司がポジティブな態度で研修に送り出すことは、学習期待感を高めることにつながる。
事前課題■研修中の時間を有効に使うために十分な事前課題を設ける→十分な事前課題は、学習期待感を高める。事前学習はｅラーニングやオンライン集合形式でおこなっている企業が多く、成果につながっている企業では動画視聴などのデジタルコンテンツの活用率も高いことから、事前課題でデジタルコンテンツを活用することも一案である。
実務との関連性■学習内容は受講者の仕事に関連させ、職場での応用を奨励する→実務との関連性がある内容で職場での応用を促すことで、職務効力感が高まる。
難易度の適切さ■受講者にとって学べば身につけられそうな学習内容にする→難易度は受講者にとって適切なものにする／簡単なことから徐々に難しくなっていくなど、ステップアップしていく内容にする。簡単すぎても難しすぎても集中が阻害される。適切な難易度で、簡単なことから徐々にステップ

44　パーソル総合研究所「コロナ禍における研修のオンライン化に関する調査」p.4。

アップすると職務効力感が高まる。

資料■わかりやすい資料を準備する→資料のわかりやすさが職務効力感につながる。成果につながっている企業では、動画視聴などのデジタルコンテンツの活用率が高いことから、デジタルコンテンツを取り入れて理解促進を図ることも有効であると思われる。

【研修中の働きかけ・環境整備】
講師のインストラクション／思考深掘り■わかりやすい説明をおこなうとともに、受講者の考えを深めることを促す→講師のわかりやすい説明や受講者の考えを深めることの促進が没入感を高めることが、オンライン集合研修ならではの特徴である。自身の考えが深まると、職務効力感の向上につながる。
練習■実務で必要なスキルについて練習する機会を設ける→実務で必要なスキルについての練習ができると、職務効力感が高まる。
積極的関与■一方的に聞くだけの受け身にならないようにし、学んだことのメモをとるなど積極的な参画を促す→積極的な受講態度が没入感につながる。「メモを用意してください」といった声がけをすることも一案である。
集中環境■雑音・騒音対策をおこない、研修中に業務対応をする必要がないようにする→オンラインでは騒音・雑音が没入感に影響しやすいため、出社時は会議室を予約するなど静かな環境で受講することが望ましい。研修中は業務メールを見ないといった受講者の意識的な心掛けも必要である。
服装■服装のガイドラインは設けない→自発的に身支度を整えることで集中できる人がいる一方で、一律に服装ガイドラインを設けることは集中を阻害する。

【研修後のフォロー】
テスト■確認テストをおこなう→研修後の上司のフォローや実践の振り返りほど影響は大きくないものの、確認テストがあった方が実践につながりやすい。
上司の事後フォロー■学んだことを職務でどのように活用するかについて、受講者と上司とで議論する→研修後に受講者と上司が学んだことを現場でどのように活用するかについて話し合うことが現場での実践につながる。
実践の振り返り■学んだことが実践につながったかを確認する→成果につながっている企業ではラーニングマネジメントシステムを活用した研修後のフォローの実施率が高いことから、ラーニングマネジメントシステムを活用し

た定期的なフォローアップも一考に値する。

■**職場での実践成果を振り返る機会を設ける**→オンライン集合研修では振り返り機会の有無が実践に影響することが特徴である。研修後のフォローはオンライン集合形式でおこなっている企業が多いことから、オンライン集合形式での振り返り機会の提供が実施しやすいと考えられる。

出典：パーソル総合研究所「コロナ禍における研修のオンライン化に関する調査」
　　　p.5 〜 7 を改変

実践編①—設定　　こうした先行研究の成果を踏まえ、私たちはオンライン研修を実りあるものにするべく実践に移していきました。

　とはいえ、スタートからすべての要素を理想のかたちにするのはむずかしいものです。そこで、①ツールの選択、②研修の時間と構成、③研修の内容、④研修の共有化の方法、についてひとつずつ考えていきました。

　①については、研修動画を YouTube 等で配信。事前に各自が視聴。Zoom によって話し合いをする方式を採りました。Zoom はすでに何度か使っており、参加者が扱いに慣れているからです。

　②については従来、2 時間を要していたがこれを 30 分でまとめることにしました。短時間であれば移動時間等の負担が減るからです。

　一方で、時間が短くなったため、効率よく運営しなければならないという課題が生じます。そこで事前にテーマをひとつ設定し、司会進行 1 名とコメンテーター 3 名をあらかじめ選んでおきました。

　構成は、前述の多喜が提唱した「マイクロフォーマット形式研修スタイル」を採り、往還型研修のモデルを作成することにしました[45]。

　③は保育の実践に必要な「保育スキル編」、保育の質向上のための「教育編」、ソーシャルスキル向上を目指す「社会人編」、そして「組織マネジメント編」などを準備することにしました。

　そして④については、研修後に参加者同士が「気づき」を語り合う場を

45　多喜・前掲注 43）。

設けることにしました。これにより知識の共有と定着、さらには現場での
実践への意欲向上を図ることとしました（図7）。

図7　30分共話型研修モデル

【30分共話型研修モデル】
■タイムスケジュール
　15分：研修動画の視聴
　10分：グループワーク
　5分：全体シェア
■実施方法・場所など
〈園内の場合〉
　①各自スマホ、iPadで研修動画を視聴
　②各クラスのiPadで感想を述べ合う
　③クラスから全員で発表
〈園外の場合〉
　①通勤時もしくは自宅で視聴
　②各クラスで感想を出し合う
　③園で発表

大切なのは「気づくこと」　　研修内容を現場での実践につなげるための
ポイントは、研修動画を見て「何かに気づく」ことです。運営側は、たと
え動画の意味がわからなくても、事後に話し合いをすることで、他の人の
「気づき」を共有できるような仕組みと流れを作るように心掛けるべきだ
と考えました。

実践編②―どのような研修動画にするか　　研修動画は自分たちで作成し
なければなりません。そこでオンラインで見ることのできる既存のコンテ
ンツを選び、上記の方法に倣って実験を行うことにしました。
　その結果、研修動画のポイントとしては、

①15分以内で理解できること

②実写、アニメーション等の動きのある内容であること

③対象視聴者は保育士、栄養士、看護師、本部職員とすること

　だという3つの意見に集約されました。これは前述した中川の挙げた9つの課題とも一致します[46]。

　これらの結論を踏まえ、以下のように4カテゴリー各3コンテンツ、計12コンテンツの動画制作が決定しました（図8）。

図8　12のオリジナルコンテンツ案

> 1．組織マネジメント編
> 　「会社のヒストリー」「会社の組織」「役職による仕事」
> 2．社会人編
> 　「社会人マナー」「報・連・相」「コミュニケーション」
> 3．スキル編
> 　「乳児保育」「幼児保育」「ラーニング・ストーリー」
> 4．教育編
> 　「英語で手遊び」「英語で歌おう」「アートで遊ぼう」

ベンチマークとした既成コンテンツ　そうは言っても、著者もスタッフも動画制作の経験はほとんどありません。そこで参考にすべき作品をピックアップし、社内会議で検討しました。

　ピックアップしたコンテンツは以下の2点です。

46　中川・前掲注42）。

①「けんいちろう准教授のやさしい保育講座」

（https://www.youtube.com/@kenichiro_0918）

【取り入れたいポイント】
- 話がわかりやすく、聞き取りやすい
- 強調する箇所を右の黒板に表示している
- テロップの文字も強調部分はフォントや色を変えている
- ワンテーマの短い内容に向くのではないか

②「10分でわかる！がまんせずに自己主張する方法「アサーティブコミ
　ュニケーション」ダイジェスト動画／島村優子」（介護職チャンネル）

（https://www.youtube.com/watch?v=8fsGrhC6FLY）

【取り入れたいポイント】
- タイトルが明快でわかりやすい
- パワーポイント（左）と講義動画（右）を一画面で見ることができるため、全体を把握しやすく、かつ前後関係がわかりやすい
- 大きなテーマの長い動画にはこちらが合うのではないか

実践編③—研修動画を制作する　　実践編②を踏まえ、オリジナルの研修動画を実際に制作していきました（図9）。

図9　動画制作の流れ

1．企画
　・目的・ターゲット・視聴状況の想定
　・動画化する内容の選定
　・表現方法の決定
　・コンテ制作
　・デザインフォーマットの決定
2．素材制作
　・撮影／録画
　・図・イラストの制作
3．編集
　・編集
　・途中確認
　・MA（ナレーション収録やBGM入れなど）
　・書き出し・動画アップロード
4．活用

　制作は、筆者がシナリオを作成し、外部の編集プロダクションが実作業にあたりました。職員からは制作中にも「ナレーションはないほうが良い」「ビデオを何本か挿入したほうが効果的」「12分以下に再編集する」

「タイトル画面を３秒長くする」といった意見が出され、それも反映させて修正を加えていきました。

完成したオリジナルコンテンツ第１弾　　こうして約10分間の研修動画第１弾が完成しました。

　以下で内容を紹介しましょう（図10）。

図10　「組織マネジメント編」（全体約10分）

まず「組織マネジメント編」の概要を説明します。

次に「会社のヒストリー」を紹介します（約３分）。

その次は会社組織についての説明です。
ミッション、ビジョン、バリューを紹介します。

英語教育の様子

当社は英語教育に力を入れています

※写真はイメージです

起業支援をしています

さらに英語教育を実施する、起業を後押しするなど、ミッション、ビジョン、バリューから生まれたさまざまな事業を紹介します。

「組織マネジメント編」は、この後、組織の概要、各役職の役割、各業務の内容を説明していきます。

最後に、はぐはぐキッズのクレド（行動指針）を以下のように紹介します。

所要時間 約1分

Part4 クレド～はぐはぐキッズの約束～

はぐはぐキッズ
Our Credo
プリメックスキッズ株式会社

当社が掲げるクレドは5つです

私たちは
大きなチームです

私たちは大きなチームです

私たちは
主体的に行動します

私たちは主体的に行動します

私たちは
対話を心掛けます

私たちは対話を心掛けます

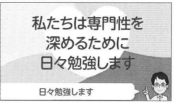

私たちは専門性を
深めるために
日々勉強します

日々勉強します

私たちは
変化に柔軟に
対応します

私たちは変化に柔軟に対応します

　このように写真や文字だけといった単調な構成を避け、「アニメーション」「写真」「テロップ」を組み合わせる、フリー素材の音源を使って、テンポが良く明るい BGM を流すなど、飽きずに集中力を維持しながら視聴できるように工夫を凝らしました。

実践編④—視聴後の効果を分析する　このオリジナル動画の効果を計測するため、調査・分析を行いました。
　調査は 4 つの方法を用いました。多面的な情報が得られ、かつ分析の偏りを防ぐことができるからです。手順は、（ⅰ）の定性調査のインタビューで書き起こした文字データを、（ⅱ）（ⅲ）の各手法で分析します。その洞察を（ⅳ）の定量調査で検証するという順序です。

（ⅰ）定性調査
　　対象：施設長、本部職員
　　方法：プロジェクターで視聴後にそれぞれをインタビュー
（ⅱ）M-GTA（Modified-Grounded Theory Approach）分析
　　対象：施設長、本部職員
　　方法：（ⅰ）の定性調査のデータを用いて、修正版グラウンデッド・セオリー・アプローチ（以下、M-GTA。観察結果やインタビューなどを文章化し、文章を細かく分断、さまざまな基準でラベル付けをした後、その現象の説明を見出していく）を用いて分析
（ⅲ）テキストマイニング分析
　　対象：施設長、本部職員
　　方法：（ⅰ）のデータに対し、テキストマイニング（大量の文章データを用い、自然言語分析の手法によって、文章を単語に分割し、出現頻度や相関関係を見出す）によって分析
（ⅳ）定量調査
　　対象：全職員
　　方法：メールでオリジナル動画と Google Forms を用いたアンケートを送付。全 20 項目に回答後に返信してもらう

以下では（ⅰ）から順番に手法と分析結果を説明していきましょう。

（ⅰ）定性調査　月ごとに実施している施設長の会合の席上で、研修動画の試写会を実施し、参加者へのインタビュー調査を行いました。インタビューは、インタビュイーの回答に対してインタビュアーが質問を重ねていく半構造型インタビュー形式を採用しました。このインタビューが、（ⅱ）と（ⅲ）のリソースともなりますので、全文を掲載します。

施設長Ａ（40代、保育歴12年）

　　組織マネジメントということで、改めて会社設立について振り返る機会はとてもいいと思います。会社の方針や保育運営における役割なども盛り込まれており、年度初めの園内研修に最適だと思いました。

施設長Ｂ（40代、保育歴17年）

・時間…10分という短さが、隙間時間に「見てみよう」と思える。
・音声…ナレーションが無いことで、画面を注視する効果がある。電車内や午睡時間など、音声が出せない場所でも見ることができる。
・内容…それぞれ図を使ってわかりやすい。
・改善…Part 1 会社のヒストリー
　　創業時からのビジネスプランの図は、説明の字幕が進むので、図をあまり見れない。画面左側から順に表示するとプランの内容が少しつかみやすくなるのではないか。
　　「はぐはぐキッズは、子育て家庭の社会的課題を解決する社会的企業です」は、一文または一場面でまとめて読めると良いと思う。
　　保育事業、教育事業の紹介では、実際の写真や画像をもう少し入れられたら良いと思う。待機児童解消の部分には、0〜2歳児の保育風景があると良いのではないか？

施設長C（30代、保育歴8年）

- 誰かが口頭で話しているのを見るよりも、画面がきれいで、文字なので しっかりと読んで頭に入るので良かったと思います。
- 今回は新卒の方や職員に対して良い内容だったと思います。また、内容 や時間をアレンジして入園説明会や面接時の入社説明などでも使えるので はないかと思いました。
- キャラクターが写り、声が入っていないことにはじめ驚きましたが、読み やすい文字ときれいな音楽や写真が入っているので良かったと思います。

施設長D（50代、保育歴22年）

- 年度初めや新入社員向けとしては、良い動画だと感じました。
- 音声込みのテロップ付きだと、個人的には見やすいと感じました。

施設長E（40代、保育歴15年）

　まず「こんな話をしますよ」という入り方や、テロップもあり、わかりや すくまとまっていたと思います。時間的にも長くなく、短時間研修として、 動画という視覚的にわかりやすいツールの活用、良いと思います。生配信で はないため、時間の捻出もしやすいですね。朗らかな常務のイラストも素敵 でした。

施設長F（30代、保育歴7年）

- 文字がすべてテロップで出るので、場所を問わずに自分の都合で見られ るため、とても良かった。
- 動画の初めに、どのような項目で何分くらいの内容かがわかってよかっ た。動画の時間も10分程度だと、少しの空き時間に見直すことができた り、気分的にも取り組みやすく感じた。
- 絵も可愛らしくて、良い意味で研修動画らしくなくて楽しく見られて良 かった。

施設長G（50代、保育歴24年）

- 短い時間で飽きることなく見ることができて良かったです。
- 園内研修で使用し、新任職員からすでに働いている職員まで、認識を合わせることができるツールになると思いました。
- 短い動画の研修内容なので、今回以外に、就業記録の書き方、嘔吐処理の仕方、AEDの使い方、英語の歌、手遊びなど色々な研修で活用できると感じました。
- はじめはナレーションが無く寂しく感じたが、文字を目で追うことで音声だけの研修よりも集中して見ることができました。

施設長H（40代、保育歴13年）

　最初に動画研修の話を聞いた時には講師が出てくるものと思っていたが、常務の似顔絵のキャラクターで親しみを感じて動画研修を受けられました。また、ナレーションがない分、そのテロップの文字をしっかり読み込むので内容が正確に頭に入ってきました。また、全体で10分程度ということが頭に謳われていたため、全体の長さを事前にわかり、保育中などでも予定を入れやすいと思いました。内容については、今回は新任職員向けの組織マネジメントでしたが、今後保育内容や英語遊びなども入れていただくことで、新任職員からベテラン職員まで幅広く研修を受けられると思いました。

　今は職員はクラスに1台iPadを支給されていますが、今回の動画研修は自分のスマホなどでも繰り返し見直せるため、感染症対策や危機管理時の対応など、現在紙のマニュアルなどで保管されている内容がどこからでも手軽に確認できるようになると良いなと思いました。

施設長I（40代、保育歴16年）

　組織マネジメントの研修というので構えていましたが、キャラクターのかわいらしさとテンポの良さで知らないうちに頭の中に入っていました。園内でも保護者対応やコミュニケーションの研修を行っていますが、時間が長いのと資料が多いため、寝てる職員がある日もあります。今回のような動画研修ですと最後まで飽きずに見られるのと繰り返しで学べるので、きっと職員からは好まれるかと思います。

本部職員 J （40 代、保育歴なし）

　音声がなかったのが新鮮でとても良かったと思います。
　文字を目で追った後、画面を見ようとすると次に切り替わってしまい、「あれ！？今の何だった？切り替わりが早い！」と感じた部分もありましたが、映像の切り替わりが早いことで飽きずに見ることができたので、あの速さでちょうどいいんだと思います。
　繰り返し見ることになっても苦にならない作り方で、素直に感心しました。
　変に間延びした動画ではなくコンパクトで非常にいいと思います。

　現在、園内研修について昨年度の園内研修の内容を見直していましたが、長時間で資料も盛りだくさんのものが多く、新しいタイプの研修を探していました。今回のような動画研修であれば、一回作ればストックができるので、講師を依頼しなくても良くてたいへん便利だと思いました。また、組織マネジメントだけでなく、保育時の手遊びなども動画に向いていると思うので、ぜひ今後作ってもらいたいと思いました。個人的には英語の絵本の読み聞かせ方法を知りたいなと思いました。

本部職員 K （50 代、保育歴なし）

　短時間動画研修コンテンツを作っていただきありがとうございます。
　とてもわかりやすく、会社の財産になっていくものと思います。
　今後の研修実施について、動画にしておくことで、いつでも職員が見ることができ、見返すこともできるので、統一した園内での研修がスムーズにいくと思われます。
・内容について
　先日の施設長会議でもありましたが、テロップで文字を確認する必要があるので逆に集中しやすかったです。
　10 分ぐらいを目安に今後も同様な長さで作成すると、時間の合間などの方が良いかと思います。
・社内管理方法
　社内で利用していく方法として、本数が増えてくれば、共有フォルダで管理し、マニュアルを読むのと同じ感覚で、視聴できたらと思います。
　事前に目次、ある程度の内容が書面となっていれば、より理解も深まります。

・今後のコンテンツ

　今後、コンテンツが増えていくと思いますので、カテゴリー別にどんな内容が必要なのかは、園の希望なども聞いて、コンテンツが増えていくと良いかもしれません。1本1本作るのはたいへんかと思いますが、視聴対象者、コンテンツなどを精査して、費用をあまりかけずに展開していければと思っております。

　インタビュー調査の結果は以上です。

（ⅱ）M-GTA（Modified-Grounded Theory Approach）分析　　M-GTAは、人間行動の説明と予測に長けた研究方法です。（ⅰ）の定性調査はいわば印象批評でしたが、本手法はそこから一歩進み、（ⅰ）の結果を読み込み、特徴的な単語などをコード化・分類して、分析します。今回は、保育職員が使い慣れていないデバイスを活用した研修方法の効果を検証するのが目的なので、高い確度が期待できるこの方法を選びました。

　分析手順は次の通りです。まずインタビュー調査をもとに作成した逐語録を「分析焦点者」[47] の視点に立ち、繰り返し読み込みます。

　その後、ひとつの語りに着目し、複数の解釈を考えます。

　その解釈から、定義や概念名を考えていきます。

　たとえば、「コンパクトで非常に良い」「ナレーションが無いことで画面を注視する」などの回答から、これまでの研修コンテンツとは違う「コンテンツ表現の新規性」という概念の存在を推定するのです。

　同じ方法を用いて、著者はインタビュー調査から3つの概念を考えました。以下にそれを示します。

47　実在する人物ではなく、現象の解釈のために設定される抽象化した存在のこと。「内的他者」とも言う。つまり、できるだけ予断を排し第三者の目をもつことを言う。

【回答例】
・ナレーションが無く寂しく感じたが、文字を目で追うことで集中して見れました。
・音声がなかったのが新鮮でとても良かったと思います。
・映像の切り替えが早いことで飽きずに見ることができた。
・コンパクトで非常にいい。
・ナレーションが無いことで、画面を注視する。
・誰かが話すよりも文字なので読んで頭に入る。
・音声込みのテロップ付きだと見やすい。

【解釈】
イラスト・写真字幕による構成により、集中して聴講する。

【概念1】
コンテンツ表現の新規性

【回答例】
・年度初めの園内研修に最適だと思いました。
・創業時のビジネスプランの図は見やすくなると良い。
・保育事業、教育事業の紹介に実際の写真を入れるとわかりやすい。
・入園説明会や入社説明などにも使えるのでは。
・園内研修で使用し新任職員から既存職員まで認識を併せることができるツール。
・短い動画研修なので今回以外の研修に活用できる。
・会社の財産になっていくと思う。

【解釈】
さまざまな内容を動画で学べるため、応用がされやすい。

【概念2】
動画研修の広がりの可能性

【回答例】
・時間が 10 分という短さが、隙間時間に見てみようと思える。
・繰り返し見ることになっても苦にならない作り方で、素直に感心しました。
・電車内や午睡時間などに見ることができる。
・短時間研修として動画という視覚的にわかりやすいツールの活用は良い。
・生配信ではないため時間の捻出がしやすい。
・動画の時間も 10 分程度だと少しの時間に見直すことができる。
・短い時間で飽きることなく見ることができた。
・動画にしておくことで職員がいつでも見返すことができる。
　　↓
【解釈】
　さまざまな内容を動画で学べるため、応用がされやすい。
　　↓
【概念3】
　動画研修の広がりの可能性

　【概念1】からは、当初予定していたナレーションの挿入を取りやめたことで、逆にこれまでとは違うタイプの研修コンテンツとしての可能性を推し量ることができます。【概念2】からは、動画をツールとして捉えるとの意見から、アーカイブとして利用できるという意見まで、幅広い可能性をみんなが感じていることがわかります。【概念3】からは、動画の視聴に関してポジティブな意見が多い傾向を見てとることができます。

　このようにインタビュー調査の文章からさまざまな解釈、概念を抽出した後、最後の作業として、3つの概念から、ストーリーラインを生成していきます。ストーリーラインとは、回答例、解釈、概念を念頭におき、自分の抱える課題がどのようなものであり、それに対してどのような答えや仮定を想定できるのかを文章で表すことです。

　私は、以下の5つのストーリーラインを設定しました。

（ⅰ）この分析は何を明らかにしようとしたのか→

　（a）研修の満足度

　　（ア）研修内容：（回答の該当部分、以下同）「クレドや理念・方針の具現化、肯定形の言葉がけや断り方、丁寧な生活などの学びが多く、今後の当園の園内研修でも活用させていただきたいと考えています」

　　（イ）研修時間：「10分前後という短い時間で集中して研修を受けることができたいへん満足しています」

　　（ウ）事前準備：「通常の研修だと参加人数分の資料の印刷や配布が必要。場合によってはプロジェクターなどの準備もするが、今回の物は個別に受講者に配信されるため、その準備が不要になる」

　　（エ）参加型研修への効果：「事前に動画研修を受けて基礎的なことを学んでくるため、その後は対面などで同じ内容についての『対話』が中心となり、本来の参加型の研修が行える」

　（b）コンテンツ型研修のメリット

　　（ア）参加場所の選択が可能：「園外に移動せずに受講できる」「通勤中や自宅から受講できる」「どんな場所でも受講できる」

　　（イ）他者との時間・内容の共有：「事前に同じ内容の基礎的な情報を得られる」「対話にすぐに入れる」

　　（ウ）参加の制限が少ない：「好きな時に見返せる」「複数の人と見ることができる」「他者との共有が可能になる」

　　（エ）参加の柔軟性と時間の有効活用：「10分前後のため時間が有効に使える」「途中で止められるため、移動中や仕事中でも可能である」

（ⅱ）この分析の意義は何か→

　　短時間動画研修を受講する受講者の研修への参加度合いの向上と、受講者自身のキャリアアップ思考の構築の可能性。

（ⅲ）この分析がオリジナルで提示する結論は何か→
　　ICT を活用した短時間動画研修は福祉業界初[48]であり、他社と比較してもコストパフォーマンスが高いため、競争優位性が担保できる。
（ⅳ）どういうプロセスを明白にできたか→
　　ナラティブ（物語）アプローチ[49]を保育業界の研修に取り組むことで、理論の実践化が図れる。このプロセスを継続的に研究することで、より保育業界においての実践的な研修理論が確立される。
（ⅴ）どのような援助の視点を得られたか→
　　保育職における時間資源の確保（ノンコンタクトタイム）と自己実現の両立に向けての援助が可能になる。

　M-GTA の分析は以上です。

（ⅲ）**テキストマイニング分析**　　「テキストマイニング」とは、構造化されていないデータ（（ⅰ）のインタビュー調査）を構造化された形式に変換することで、重要な概念や傾向、隠れた関係性などを見つけ出す手法です[50]。ディープ・ラーニング・アルゴリズムなど高度な分析技術が適用されています。
　私たちは（ⅰ）の結果をこのテキストマイニングの手法で分析してみました。その結果が以下です（図 11）。
　主に、「取り組みやすい」「つかみやすい」「テロップ」「研修」「園内」「わかりやすい」「コンテンツ」「職員」「保育」「施設」といった言葉が数多く取り上げられていることがわかります。
　テキストマイニング分析の結果は以上です。

48　調査が行われた 2021 年 7 月 16 日現在。

49　問題を抱える当事者を支えるケアやカウンセリングの方法を、ナラティブ（語り、物語）の側面から捉えなおす動きのこと。語りを傾聴し、解決策を見出していくやり方。

50　IBM「テキスト・マイニングとは」（https://www.ibm.com/jp-ja/topics/text-mining）

図11　テキストマイニングの結果

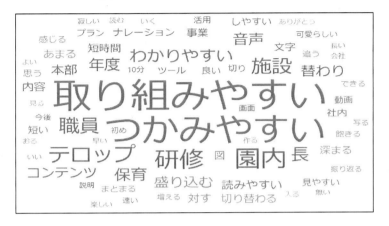

３つの分析から導き出される仮説　　定性調査（インタビュー）、M-GTA
分析、テキストマイニング分析により、私たちは以下のような７つの仮説
を立てました。

【仮説１】動画研修のほうが対面型研修よりも記憶に残る
【仮説２】時間を気にしないため気軽に受けられる
【仮説３】社会人としてのさまざまなスキルを得られる気がする
【仮説４】後継者の育成に最適な研修方法である
【仮説５】文字を追うため人の話を聞くよりも集中できる
【仮説６】繰り返して見られるため知識が深まる
【仮説７】デバイスを選べるので手軽に見られる

（ⅳ）定量調査による仮説の検証　　この７つの仮説を検証するために、私
たちはアンケート調査（定量調査）を実施しました。
　対象者ははぐはぐキッズの全職員（本部職員、保育士、看護師、栄養
士、調理師、パート職員）137名です。
　（ⅰ）〜（ⅲ）で使用した研修動画のURLをGoogle Formsに組み込

み、当社が導入している人材管理システムで一斉配信します。Google Forms のアンケート〆切を2週間後に設定。1週間経過後に未回答者にリマインドメールを送付し、回答の督促を行いました。

アンケートの質問は20項目（以下の集計表を参照）でした。この数は従来の研修後に実施していたアンケートが最大20項目だったことや保育の時間内に回答できることを考慮したものです。

アンケートは137名中110名から回答を得ました（回答率約80％）。

1．あなたの年齢を教えてください
10代　1名（0.9％）
20代　49名（44.5％）
30代　34名（30.9％）
40代　15名（13.6％）
50代以上　11名（10％）

2．あなたの役職を教えてください
施設長　6名（5.5％）
主任　4名（3.6％）
副主任　11名（10％）
クラスリーダー　28名（25.5％）
保育士　31名（28.2％）
保育補助　3名（2.7％）
看護師　5名（4.5％）
栄養士　11名（10％）
調理　4名（3.6％）
本部　3名（2.7％）
その他　4名（3.6％）

３．あなたの社会人歴（保育歴、看護師歴等）を教えてください

1年未満　2名（1.8%）

1年〜5年未満　22名（20%）

5年〜10年未満　40名（36.4%）

10年〜15年未満　24名（21.8%）

15年以上　22名（20%）

４．あなたの通勤時間を教えてください

30分以内　77名（70%）

31分〜60分　30名（27.3%）

61分〜90分　3名（2.7%）

91分以上　0名（0%）

５．今までの1回の研修にどのくらいの時間を費やしていますか

30分未満　14名（12.7%）

30分〜60分　14名（12.7%）

61分〜90分　20名（18.2%）

91分〜120分　26名（23.6%）

120分以上　36名（32.7%）

６．1回の研修の長さはどう感じますか

とても長い　6名（5.5%）

長い　45名（40.9%）

ちょうどいい　59名（53.6%）

短い　0名（0%）

とても短い　0名（0%）

7．今までに e-ラーニング形式での研修を受けたことはありますか
（Zoom 含む）

　　ある　56 名（50.9%）
　　ない　53 名（48.2%）
　　その他（これから受講）　1 名（0.9%）

8．e-ラーニング形式の研修はどのくらいの時間でしたか

　　30 分未満　5 名（4.5%）
　　30 分〜60 分　3 名（2.7%）
　　61 分〜90 分　12 名（10.9%）
　　91 分〜120 分　19 名（17.3%）
　　121 分以上　19 名（17.3%）
　　無回答　52 名（47.3%）

9．e-ラーニングを受けた方にお聞きします。1 回の研修の長さはどう
感じますか

　　とても長い　4 名（3.6%）
　　長い　24 名（21.8%）
　　ちょうどいい　28 名（25.5%）
　　短い　0 名（0%）
　　とても短い　0 名（0%）
　　無回答　54 名（49%）

10．今回の研修動画を見た場所を教えてください

　　職場　28 名（25.5%）
　　自宅　77 名（70%）
　　交通機関　5 名（4.5%）
　　歩きながら　0 名（0%）
　　その他　0 名（0%）

11．今回の研修動画は何で見ましたか

タブレット端末　3名（2.7%）

スマートフォン　100名（90.9%）

ノートPC　7名（6.4%）

デスクトップPC　0名（0%）

その他　0名（0%）

12．今回の動画の画像や音楽について教えてください

良かった　78名（70.9%）

普通　31名（28.2%）

悪かった　1名（0.9%）

13．今回の動画研修で保育園の組織や体制について理解できましたか

大変よく理解できた　53名（48.2%）

ある程度理解できた　57名（51.8%）

あまり理解できなかった　0名（0%）

まったく理解できなかった　0名（0%）

その他0名（0%）

14．今回の研修に出てきたパートでどれが一番良かったですか

会社のヒストリー　23名（20.9%）

会社の組織　40名（36.4%）

役職における仕事　28名（25.5%）

クレド　16名（14.5%）

その他（すべて）　3名（2.7%）

15．今回の動画のメリットについて教えてください。（複数回答可）

研修内容がわかりやすかった　70名

時間が短くて飽きなかった　67名

具体的な園の様子が見られた　38名

園内研修で使用できそう　1名

忘れていたことを思い出せた　1名

時間にしばられない　1名

短くとても見やすかったので振返りでも見やすいと思いました　1名

自分たちの責任を感じた　1名

場所を選ばずに研修を受けられる　1名

16．今回の動画の改善点を教えてください。（複数回答可）

とくにない　74名

実際の講師に出てほしい　2名

巻き戻してみたり、何回も見ればいいがテンポが早いと感じることがあった　1名

テロップが早すぎて追いつけない部分があった。　1名

もっとアップテンポで進めてても良かったかなと思いました　1名

とくに重要な箇所は太文字または色付き文字にしてもらえると記憶に残りやすいと感じました　1名

BGMや画面の展開がやや単調に感じられた。必要な情報が一目でまとまってわかるよう箇条書きなどノートとしても使える画面にしてほしい　1名

音が大きすぎる　1名

給食関係も載せてくれていると嬉しいなと思いました　1名

BGMだけでなく音声がある箇所があっても良かったのではないかと思います　1名

時間が長いので短くしてほしい　3名

授業の映像を増やしてほしい　11名

テロップが多すぎる　4名

17. 今後も動画研修があったら見ますか

見る　92名（83.6％）

見ない　0名（0％）

わからない　18名（16.4％）

18. 動画研修後に対話をする場合にはどのくらいの時間がいいですか

15分以内　78名（70.9％）

16分〜30分　32名（29.1％）

わからない　0名（0％）

19. どんなことを対話あるいは質問したいですか？

・保育の質を上げるにはどうしたら良いのか

・保育士の業務内容について

・質疑応答や他園の状況など

・内容に対する質問

・どう感じたか

・役職における仕事の部分について、同じ役職の先生や、同じ年齢を担当する先生と、具体的な保育内容について対話したいと思いました。

・この動画以外で受けた場合、動画内容を経て理解が足りない部分について質問し回答を貰いたい

・研修のテーマに関して、感じたことなど。他者の意見や感想、視点から学ぶこともあるので

・就学までに育てたい姿についてのすり合わせ小規模と中規模での英語への取り組み方違い

・事業の中に起業支援があることが非常に興味深かった。機会があればもっと知りたい

・動画を見て自分が理解できているのか？いないのか？の擦り合わせがしたいです

・各役職の方が、具体的にしてほしいことなどがあれば伝えていただきたいです

・研修内容によるが、実際に保育に下ろしていくなかでの疑問やポイントなど

- 動画内容について、各人がどう理解、解釈したか。わからないことはないか
- 園として、会社としての、就学までに育てたい姿やねらいについて
- Hag クリエイティブカリキュラムについて対話したいです
- 動画内で気になったことを、実際の担当者・講師に質問したい
- 持続的社会企業の支援という取り組みが興味深かったです
- 動画を見て感じたこと 日々の保育に生かそうと思ったこと
- 会社のクレドの確認　どのように保育に結びつけていくか
- 会社のビジョンや目標など、みんなで進むべき方向の確認
- 同じことを学び、どう思ったか意見交換したい
- 保育の質を上げるにはどうしたら良いのか
- 質疑応答や他園の状況など
- 保育士の業務内容について
- 保育のアイディア、保育観についてそれぞれの役職でどのようなことを実際に行なっているか。
- 動画を見ての感想や内容の確認などしたいです。保育のアイディア、保育観についてそれぞれの役職でどのようなことを実際に行なっているか。
- 今回の動画研修を見た感想動画を見ての感想や内容の確認などしたいです。保育のアイディア、保育観について
- 各役職の役割や業務内容などについて改めて振り返ることができると、自分や他の職員が今どの役職や立場についていて、どんなことを意識して業務を遂行していけば良いのかなどが改めて意識できるのではないかと思いました。またたいへんな部分や困っていることなども共有することで、チームとして助け合える部分があるかもと思いました。会社の大切にしている方針などは、中礼で確認できていて、凄く良いなと思っています。今回の動画研修を見た感想動画を見ての感想や内容の確認などしたいです。
- 疑問点、他園の取り組み方法、成功事例、改善策など。各役職の役割や業務内容などについて改めて振り返ることができると、自分や他の職員が今どの役職や立場についていて、どんなことを意識して業務を遂行していけば良いのかなどが改めて意識できるのではないかと思いました。またたいへんな部分や困っていることなども共有することで、チームとして助け合える部分があるかもと思いました。会社の大切にしている方針などは、中礼で確認できていて、凄く良いなと思っています。

- フリー保育士ならではの役割や考え方を対話したいと思いました。・疑問点、他園の取り組み方法、成功事例、改善策など。各役職の役割や業務内容などについて改めて振り返ることができると、自分や他の職員が今どの役職や立場についていて、どんなことを意識して業務を遂行していけば良いのかなどが改めて意識できるのではないかと思いました。またたいへんな部分や困っていることなども共有することで、チームとして助け合える部分があるかもと思いました。会社の大切にしている方針などは、中礼で確認できていて、凄く良いなと思っています。
- 各園で工夫して取り組んでいるところフリー保育士ならではの役割や考え方を対話したいと思いました。・疑問点、他園の取り組み方法、成功事例、改善策など。
- どんな風に感じ理解が深まったか、また今後どのように具体的に仕事に落とし込み生かしていくか。各園で工夫して取り組んでいるところフリー保育士ならではの役割や考え方を対話したいと思いました。
- 各保育園の様子が見たいです。どんな風に感じ理解が深まったか、また今後どのように具体的に仕事に落とし込み生かしていくか。各園で工夫して取り組んでいるところ教育の格差を埋めるために園でできることは他にもあるか（負担にならない程度で）考えてみたいです。各保育園の様子が見たいです。どんな風に感じ理解が深まったか、また今後どのように具体的に仕事に落とし込み生かしていくか。
- 子ども達のためになること、教育のこと教育の格差を埋めるために園でできることは他にもあるか（負担にならない程度で）考えてみたいです。各保育園の様子が見たいです。
- 会社のヒストリーについて子ども達のためになること、教育のこと教育の格差を埋めるために園でできることは他にもあるか（負担にならない程度で）考えてみたいです。
- 少子化が進んでいくと予想される。今後の会社の経営展開について質問したい。会社のヒストリーについて子ども達のためになること、教育のこと他の園が行っている取り組み（保育の工夫）などを共有したいです。少子化が進んでいくと予想される。今後の会社の経営展開について質問したい。
- どのぐらいクレドを意識しているか他の園が行っている取り組み（保育の工夫）などを共有したいです。少子化が進んでいくと予想される。今後の会社の経営展開について質問したい。

- 会社として目指しているものに対して、どのような取り組みをしていったら良いか。各園で行なっている取り組みなどどのぐらいクレドを意識しているか他の園が行っている取り組み（保育の工夫）などを共有したいです。
- 他園の同じクラスをもつ保育者と対話したい。会社として目指しているものに対して、どのような取り組みをしていったら良いか。各園で行なっている取り組みなどどのぐらいクレドを意識しているか
- 保護者との応対について他園の同じクラスをもつ保育者と対話したい。会社として目指しているものに対して、どのような取り組みをしていったら良いか。各園で行なっている取り組みなど
- 乳児を担当している他園の先生方と、保育の悩みについて等の普段の保育の情報交換などができたら嬉しいです。保護者との応対について他園の同じクラスをもつ保育者と対話したい。
- 各園での取り組みについて対話できたら良いなと感じました。乳児を担当している他園の先生方と、保育の悩みについて等の普段の保育の情報交換などができたら嬉しいです。保護者との応対について
- 研修に関すること各園での取り組みについて対話できたら良いなと感じました。乳児を担当している他園の先生方と、保育の悩みについて等の普段の保育の情報交換などができたら嬉しいです。
- 研修内で学び、さらに知りたいと思うことへの質問、実際に日々の保育に活かせそうな、他園や他の人のやり方の共有。研修に関すること各園での取り組みについて対話できたら良いなと感じました。
- 研修を受けた後の意見交換研修内で学び、さらに知りたいと思うことへの質問、実際に日々の保育に活かせそうな、他園や他の人のやり方の共有。研修に関すること
- 各園で取り入れている活動やあそびを知りたいです。研修を受けた後の意見交換研修内で学び、さらに知りたいと思うことへの質問、実際に日々の保育に活かせそうな、他園や他の人のやり方の共有。
- 現在の自分の保育について
- 今後の改善策良いか　各園で取り入れている活動やあそびを知りたいです。研修を受けた後の意見交換
- 現在の自分の保育について
- 今後の改善策良いか　各園で取り入れている活動やあそびを知りたいです。

- 現在の自分の保育について
- 今後の改善策良いか

20. 自由意見（ご感想、ご意見など）

- 調理補助というかたちで今年で5年目になりました。毎日、栄養士の先生や調理の先生に教えていただきながら、衛生面、アレルギー児童への対応等、緊張感をもちながら務めています。動画を見せていただき、調理補助というかたちながら、大きなチームの一員だと改めて認識しました。コロナ禍で自身や家族の健康も不安が多いですが、頑張ります。宜しくお願いします。
- 動画研修という新しいものに触れる機会をいただけありがとうございました。短めの動画であり見やすく、わかりやすく良かったです。意見としてはこの自由解答欄に記入しにくいという点です。
- 動画研修は、業務などにとらわれず自分のタイミングで視聴することができ、また繰り返し見ることができる点が良いと思いました。
- お忙しい中、研修動画の作成ありがとうございました。会社の歴史や方針などを理解し、今後も目の前の子どもと真摯に向き合っていきたいと思います。
- わかりやすくとても見やすい動画でした。研修というので、勤務時間内に見るのが本来望ましいかと思うが実際には保育に追われ見ることが難しかった。帰ってから見たり、休日見るというのはプライベートであるため違う気がしました。
- 研修内容が動画でアーカイブされると必要なときに何度でも見返せて便利だと考えます。
- 講師の人が話す動画があったらより楽しめるかなと思いました
- とてもわかりやすくて入社したばかりの既存職員にはもちろん、新人職員にもとてもいい資料になると思いました。新人研修などで利用するのもいいかなと思いました。もちろん内容によっては中堅以上でも使えるものとなると思いました。ありがとうございました。
- 今まで受けた研修の中で一番理解できました。その理由は家でリラックスしながら見れたからです。好きな時に止めたり見たりできたりするのはとてもいいですね。
- 簡潔でわかりやすい動画でした。今自分がやるべきことを再度認識することができたので、明日から見直していきたいと思います。

- キャラクターに合わせてしゃべっている声も聞いてみたいです。表示の仕方がとても飲み込みやすくわかりやすかったです。
- 動画研修の作成ありがとうございました。イラストが可愛く親しみをもちました。会社の組織図や活動を詳しく知ることができてよかったです。企業支援など知らないこともあったので社員みんなで周知できる媒体として良いと感じました
- 動画での研修ならば巻き戻して確認したり、自分の都合の良い時間に見られたりするので便利だと思いました。
- 説明が字幕なところがスマートで感じよかったです。
- 時間も丁度良くわかりやすい研修動画でした。
- 動画で受ける研修は初めてでしたので、とても新鮮でした。また、イラストだったのでたいへん親しみをもって見れました。コロナ禍では、このような動画で受けられる研修が流行る気がします。これからも宜しくお願い致します。
- アニメーションがとても可愛く、音楽もテンポ良くて、楽しく研修を受けられました。最後にクレドを唱和するところが個人的には好きです。同じチームで保育をしていく中で、みんなと共通の保育ビジョンを語るのは大切だと再確認しました。
- 初めての動画研修でした。テロップや映像の切り替わりがわかりやすくて、内容がスッと頭に入ってきました。組織図などの図もわかりやすく、改めてはぐはぐキッズのことがよくわかりました。とくに、会社ヒストリーでは、当時からの代表の想いがよく伝わってきて、自分も身が引き締まる思いになりました。次の動画研修も楽しみにしています。ありがとうございました。
- 最初はとまどいましたが、進ん連れてアニメと写真と文字に巻き込まれていきました。終わった時には、はぐはぐキッズの歴史が頭に残っていました。
- 看護師は各園に一人ずつのため、Zoom などで情報交換する機会が欲しい
- 家に Wi-Fi 環境がない為動画の長さや見る場所は選ぶが、さまざまな内容の研修が必要だと思いました。修が必要なときに受けられるようになればとても良いと思う。文字だけ並べた動画ではなく、保育現場の写真や柔らかなイラストが入っていた為、とても観やすかったです。

- このような短い動画での研修は初めてだったのでとても新鮮な気持ちで見ることができました。改めて会社の組織構造や、クレドに意識を向けることができました。
- 4月に入社したばかりなので会社の成り立ちや役職の役割など短い時間で知ることができました。
- 短時間でしたが、内容も難しすぎず、簡潔すぎずとても良い研修動画でした。短い時間での動画のメリットは、少しでも時間がある時に見ることができ、また要点が絞られているため、頭に入りやすいところかと思います。次回も楽しみです。ありがとうございました。
- 研修時間が短く、映像がとてもわかりやすかったです。
- 研修動画の配信をありがとうございました。ライフスタイルに合わせた時間に見ることができてとても良かったです。大切な所をしっかりとおさえて学ぶことができました。
- パート職員で短時間勤務であり子育て中なので通常の研修の参加はなかなか難しいのですが、動画研修は夜子どもが寝てから見ることができるのでとても良かったです。
- 職場の就業記録などで、大切な部分やよくある質問事項、間違えやすいところなどを動画研修で見られると新入社員もわかりやすくて良いのではないかと思いました。
- とてもわかりやすくて飽きずに観ることができました。会社の全体図や園での活動の様子も伝わるので、見学の際にも活用できたら…と思いました。
- 字幕や、イラストでの研修であった為、音声をミュートにしても動画か観られたことは、とても良いと思った。
- 気軽に自分の時間で研修動画を見られるのはとても良いと思う。研修に出たくても子どもがいたり、時間で帰らなければいけない人にも同じ様に学びの場を提供できることはとても良いと思います。
- このような動画形式での研修を、ありがとうございました。時間が短く、いつでも見ることができた為、作成側はたいへんかと存じますが有意義に活用させていただきました。コロナ禍ということもあり、あまり会社についての理解を深める研修が行えない中で改めて会社の歴史、組織などを学べて良かったです。ありがとうございました。

- 今回初めてのかたちでの研修で、短時間だったこともあり見やすかったです。また、他園の雰囲気も少しですが見られてよかったです。会社の組織、保育業務について動画を見ていてわかりやすかったので、次回もまたあると嬉しいです。ありがとうございました。
- コロナで対面の研修が難しい現状で、さまざまな研修のやり方を考えてくださって嬉しいです。今だからこそできる取り組みや保育を色々と出し合って、より良い保育ができたら良いなと思っています。ありがとうございました。
- 初めての育児で寝るまでずっとバタバタなのでなるべく家に仕事をもち込みたくないです。
- 動画での短時間の研修でしたので、内容がスムーズに入りとても、わかりやすくそして、把握しやすかったです。
- 新任研修も受けましたが、起業支援など知らないことを知ることができました。入社して間もないのでこのような研修はとても有難かったです。ありがとうございました。
- 初めてこのようなかたちでも研修を受けたが、自分のタイミングで動画視聴ができるのはとても良いと感じました。会社について改めて知ることができて良かったです。
- 動画での研修は途中で止めることができるので、園内で研修を受ける際受けやすくはなるかと思ったが、動画よりも実際に講師の話を聞く方がわかりやすい部分もあると感じた。
- 動画のキャラクター可愛かったです。
- 前職でも研修は沢山受けてきましたが、今回のようにスマホで受けたのは初めてでした。電車内や家でも簡単に受けられる研修は強制的ではなくたいへん良い方法だと思います。これからもいろんなジャンルの研修を受けられることを楽しみにしております。ありがとうございました。

定量アンケート結果の考察　　以上のアンケート結果をまとめてみましょう。

　1〜18までの回答を読み込むと、動画の難易度、そして所要時間が適当であったことがうかがえます。

　また、自宅においてスマートフォンを用いて閲覧できるという気軽さか

らか、今後も「見る」という回答が80％を超えるなど狙い通りの効果が得られたことがわかります（質問17）。

　さらに視聴後にどんな対話をしたいかという問い（質問19）に対しては「具体的な保育内容」「実際に保育に下ろしていく中での疑問やポイント」といった目前の課題から「みんなで進むべき方向の確認」「会社の大切にしている方針」「会社として目指しているものに対して、どのような取り組みをしていったら良いか」という未来の課題に関する話題まで、今までにはなかった広く、深い保育所に対する関心を惹起することができた点も、高く評価されるべきでしょう。

　また重要なのは、これらの回答に共通している点として、同じ職種・役職内だけでなく、他の職種・役職のスタッフとも、対話を期待するコメントが多く見られた点です。これは従来、職種別・役職別に行われていた研修が全職員に対し一律に実施されたことが要因として挙げられるでしょう。

　さて、このアンケート結果、とくに自由記述式だった質問19と20についても、先に紹介したテキストマイニング分析にかけてみました（図12、13）。

　すると以下のようなデータが得られました。

図12　テキストマイニングの結果（質問19）

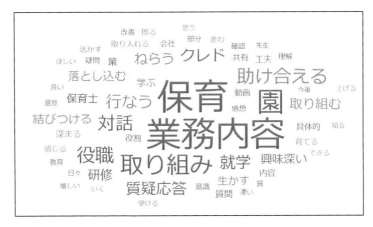

図13　テキストマイニングの結果（質問20）

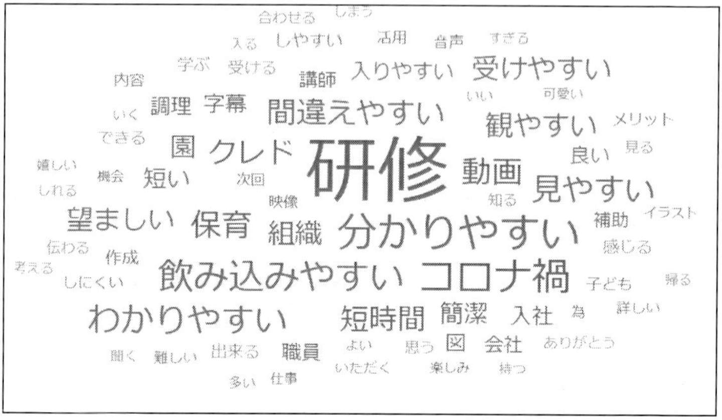

　図12を見ると、「保育」「業務内容」「取り組み」といった従来から関心の高かった項目の存在が大きいのは当然として、「対話」「役職」「就学」「クレド」といった項目が目に留まります。これらの項目は、課題のひとつだった「組織マネジメント」という概念の浸透につながるものだと考えることができそうです。

　一方、図13では「研修」「動画」「クレド」「組織」といった図12から続く組織マネジメントへの関心が見られると同時に、「わかりやすい」「見やすい」「飲み込みやすい」「望ましい」「受けやすい」といったポジティブな言葉が大きな位置を占めていることがわかります。

　さらにこれらのデータを階層的クラスタリングという手法を用いて分析します。この分析法は、異なる性質のものが混ざっている集団を、似ているもの同士に分類（グループ化）し、結びつきの強さによって階層化していきます。その結果、以下のような結果を得ることができました（図14）。

図14　階層的クラスタリング化したデータ（下が上位階層）

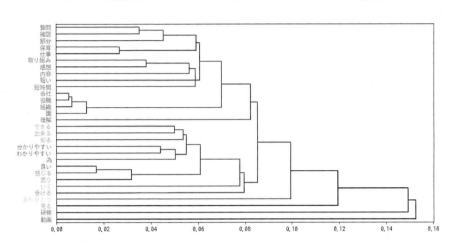

　この結果によると、「動画」「研修」「見る」や「ありがとう」「受ける」という言葉が上位を占めています。今回の動画による研修がおおむね好評をもって迎えられており、今後も期待されていることがうかがわれます。

（ⅴ）仮説の検証　　以上のように、（ⅲ）で提議した仮説はほぼ立証される結果となりました。ひとつひとつを確認していきましょう。

【仮説1】動画研修のほうが対面型研修よりも記憶に残る
　　従来の対面型研修と異なり、動画や写真、テロップなどの展開は紙芝居的ではあるが、テンポの良さが奏功し、飽きられず、かつ言葉を追うことに集中できるため、対面型より記憶に残りやすいとの検証結果が出た。［定性調査］「大変よく理解できた」［定量調査］48.2％
【仮説2】時間を気にしないため気軽に受けられる
　　保育の空き時間や通勤時間などにスマートフォン等で視聴できるため、たとえ忘れていても、思い出した時にすぐに視聴を開始できるなど利点が多い。
［定性調査］「自宅で受講した」［定量調査］70％

【仮説3】社会人としてのさまざまなスキルを得られる気がする

　　専門教育は数多く受けてきたが、ソーシャルスキルや組織マネジメント、マーケティング、ブランディング、英会話といった分野の研修経験の少ない人が多く、新鮮な体験であったと同時に自分自身のスキルアップにつながっていく予感を感じたという。

　［定性調査］「今後も動画研修があったら見る」［定量調査］83.6%

【仮説4】後継者の育成に最適な研修方法である

　　職員の今後を考えた場合には主任・副主任といった施設長の後継者や理解者の育成が急務であることを各施設長は認識している。そのためには定期的な研修が必要であり、今回のこころみに可能性を感じている。

　［定性調査］保育園の組織・体制について理解できた［定量調査］48.2%

【仮説5】文字を追うため人の話を聞くよりも集中できる

　　多かったのは文字（テロップ）の強い訴求力に対する驚きと、それが集中につながる点の考察。最初は戸惑いもあったようだが、視聴を終えると誰もが可能性を感じる結果となった。

　［定性調査］今回の動画画像はよかった［定量調査］70.9%

【仮説6】繰り返して見られるため知識が深まる

　　施設長クラスでも会社の成り立ちから組織マネジメントまでを完璧に理解している人は少ない。その中での自分の立場の再認識と部下の指導を確実に行っていくための知識として、今回のこころみは有効であったことを認めている。

　［定性調査］のみ

【仮説7】デバイスを選べるので手軽に見られる

　　仮説5とともに意見が多かったのは、視聴にスマートフォンが使えるために、場所や時間が自由で、時間資源の有効活用が期待できるという点だった。

　［定性調査］今回の研修はスマートフォンで見た［定量調査］90.9%

提議された問題への対応　　しかし、少数ですが、今後に大きな課題となりそうな問題提議もありました。

　　①休日や退園後に研修動画を見ることを強制するのは時間外労働ではないか？
　　②コンテンツの継続的な制作は可能なのか？

　①の問題は、定量アンケートの際の動画視聴が、どんなタイミングで視聴するかについて、とくに指示を与えなかったことが要因として挙げられるでしょう。このことを踏まえ、今後は研修動画を「必修」「選択」に分けて年間研修計画に盛り込み、業務時間内に視聴するように促すことや、従来の研修方法であれば研修時間や移動時間にそれ以上の時間を費やすことになるなど一定の理解を得る努力が必要だと感じました。

　②今回は制作を外部に委託しましたが、コンテンツ制作を継続させるにはコストの抑制が必要となります。そこで少しずつ作業を内製化していくことを考えています。第1弾として、「社会人としてのマナー」という5分間の動画を、フリー素材、園内の動画等を材料にパワーポイントで制作。動画をYouTubeにアップしました。

暗黙知を形式知化するためのコンテンツ開発　　今回のこころみで制作した動画は、キャラクターをアニメ化してわかりやすくしたり、ナレーションをテロップ化したりするなど、音に頼らないコンテンツとなりました。そのことについて好意的に受け止められたのは、保育職の特性と合致するからではないかと考えました。

　保育職は従来から絵本などを子どもたちに読み聞かせする機会が非常に多いです。棒読みでは子どもたちの集中は続きません。文章を暗記し、声やしぐさで演出する必要があります。その仕事上の慣習のおかげで、紙芝居的な動画の展開に違和感なく入り込めたのではないかという推測もできます。

　一般的に、さまざまな理論を実践の場に置き換えた際には、オリジナル

のノウハウや理論の構築が必要とされていますが、この特性に着目した職員研修のアプローチは大きな可能性を秘めていると考えます。

実践編⑤─総括　今回の実践と調査結果を経て、動画研修には２つの効果があるとわかりました。

　１つめは、動画研修が、時間と場所の制限から職員たちを解放したことで、より積極的に研修を受けるマインドが育っていく可能性が高まったことです。

　２つめは、従来の研修が一部の職員に対象を限定せざるをえなかったのに比べ、動画研修が、管理職や保育職以外の専門職（看護師、栄養士、調理師等）やパート職員までを網羅できることで、これまでにはなかった対話と理解が促進される可能性が高くなったということです。

　この２つにより、組織マネジメントへの関心と理解が高まり、個々のソーシャルスキル、専門知識の向上やさまざまなキャリアパスを目指すことが可能になったことによる仕事へのモチベーションのアップと、組織へのエンゲージメントの向上を期待できるでしょう。

　それが退職者を減少させることにつながるのはもちろんのこと、引いては、保育所の質の向上と子どもたちへの好影響、さらにはサスティナブル（持続可能な）保育園の実現をもたらすだろうということは言うまでもありません。

（9）研修動画の持続的な活用に向けて

　最後に、今回の調査・研究が、研究のための研究でも、単発のこころみでもなく、現場において継続して実践されるようになるための仕組みづくりについて検討していきましょう。

コンテンツ制作について　従来から、はぐはぐキッズでは英語やアート教育に力を入れており、これらを担当するコーチを他の幼稚園、保育園に派遣する業務も行っています。彼らの協力を仰ぎ、通常は対面で行われる

授業を研修動画に利用することが考えられます。その他にも保育研究を通じて知己を得た先生方にも協力をいただき、「経営」「組織マネジメント」といった分野のコンテンツも増やしたいです。

　さらにはぐはぐキッズでは、SDGs（持続可能な開発目標）運動への貢献を念頭に、「2　飢餓をゼロに」「6　安全な水とトイレを世界中に」「14　海の豊かさを守ろう」「15　陸の豊かさも守ろう」といった目標を取り上げ、ペープサート（紙人形劇）や絵本の読み聞かせを行っています。この活動風景を動画に収めて、保護者に配信しています。

　こうした活動は、コンテンツの制作で終わるのではなく、すべてを関連付けていかなければなりません。

　つまり仕組みの構築です。

　そのために筆者が構想したのが、図15の「大人のマイクロラーニング・ストーリー」です。

図15　大人のマイクロラーニング・ストーリー

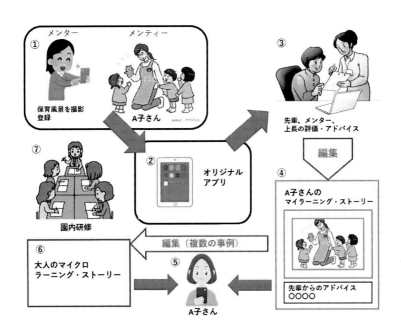

図 15 は以下のような構造になっています。

①先輩職員（メンター）がOJTの一環として新人職員（メンティー）の保育の様子を動画撮影する
②オリジナルアプリを利用してクラウド上にアップ（OJTシートの生成）
③上長は動画を確認して評価とアドバイスをシートに記す
④③で記された内容を、メンティー（新人職員）の「マイラーニング・ストーリー」として登録
⑤メンティーは自分の「マイラーニング・ストーリー」をオンライン上で確認する
⑥マイラーニング・ストーリーは、研修用の「大人のマイクロラーニング・ストーリー」として自動生成される
⑦この「大人のマイクロラーニング・ストーリー」を他の職員と共有。研修などに用いる

　従来の研修では、メンターとメンティーが作成した紙ベースのOJTシートを、本部職員が確認するだけでした。これだけでは、先に述べた「研修転移」を起こすのはむずかしいでしょう。
　そこで上長の評価とアドバイスをセットとし、加えて他の職員との動画比較を行って意見を交換することで、「研修転移」を引き起こすことが可能になるはずです。

職員への参加促進活動について　　前述の実験・調査は 2021 年に行われました。一定の評価を得たことから、2022 年 3 月の新任職員に向けた研修の一部をこの動画研修に置き換えました。
　また今後は、「保育スキル」「教育スキル」「必修科目（AED、子どもの人権）」といった専門分野についても、同様の動画研修を行う予定です。
　さらに、従来からある目標管理制度と連携させ、動画研修の受講履歴を個人評価の基準に加えることで、参加へのモチベーションアップにつなげていこうとしています。

ICT 化のさらなる促進　　このように評価軸が増えるにつれ、研修を受け

る側はもちろん、評価する側にも、過剰な負担や混乱が生じかねません。情報を整理し、達成度や次の目標を明確に示す仕組みが必要です。そのため、近年では、保育士のキャリアラダーを明示することの重要性が説かれています。キャリアラダーとは、経歴（キャリア）とはしご（ラダー）を組み合わせた言葉。職位や仕事の難易度に合わせて、求められる技術等を明らかにしたものです。これを評価や研修等教育と組み合わせていくのです。

　その仕組みを担うには、業務のICT化が必須でしょう。

　保育業界はDXがもっとも遅れている業界のひとつとも言われていました。しかし、この数年、保育士の業務軽減化対策、子どもたちの安全確保対策といった面の充実を図るため、ICT化に積極的に取り組んでいます。

　はぐはぐキッズでも、2020年に各クラスにiPadを導入。さらにICTスキルの高い職員には「ICT化推進リーダー」の役割を与え、手当を支給したり、グループの全体研修の際に、ICT化において優秀と思われる園を表彰し、金一封を贈呈するなど、さらなる促進に知恵を絞っています。

（10）結論

　今回の調査結果から、動画研修は保育業界で大きな可能性を秘めていることがわかりました。しかし、これからの福祉は、保育士のような専門職だけでなく、すべてのステークホルダーがさまざまなかたちで関わり、価値を創造していく存在でなければなりません。

　そこで、本論文の結論に代えて、この動画研修が、いわゆる「福祉共創社会」の確立において、誰に、何を提供できるのか、どのような可能性があるのかを考察してみました。

①父親　2021年6月に育児介護休業法が改正され、男性が子どもが生まれて8週間以内に合わせて4週間の休みを2度に分けて取得することができる産後パパ育休の制度ができました。以前に増して父親が保育に関わる頻度が確実に高くなるのです。その時、保育に関するさまざまな知識や

ノウハウは誰がどう伝えれば良いでしょう。ここに動画研修の可能性があります。

②**シニア**　50歳以上のシニア男性にとって、定年後にどう生きるかは大きな課題になっています。実は保育業界は、彼らのような経験豊富な人材を求めています。ところが、数十年間働いてきたスキルを活かす、あるいは異業種から挑戦するにしても、現状はシニア年齢の男性を対象にした転職情報が非常に不足しています。そこでこの動画研修のノウハウが生かされる余地は多分にあると考えます。

③**外国人**　少子高齢化にともない、外国人労働者の存在が年々大きくなっています。介護業界等ではいち早く採用を始めたものの、保育業界では資格等の問題があり、まったくと言っていいほど進んでいません。ここでも動画研修はちからを発揮することができるはずです。

　いずれにしても、これからは本論文が考察した動画研修のように、ICTを最大限に活用した保育環境をいち早く確立し、継続する保育所が、子どもたちの安全面や教育面などほとんどの分野で優位を獲得し、保護者のみなさんに選ばれる「サスティナブル保育園」となることができるでしょう。

むすび──サスティナブル保育園からマルチタスク（多機能）型保育園へ

保育園を地域のハブにするという未来　　保育園は当初、保育に欠けた子どもたちを養護する場としてスタートしました。その後、ただ養護するだけでなく、子どもたちの教育の場としての役割を果たすようになります。

　その過程で、教育の内容も広がっていきました。しつけや生活の基礎となる知識から始まり、子どもたちの将来に必ず役立つ、英語の早期教育や絵画による情操発達の促進、そして非認知能力の向上に与するさまざまなトレーニングまで、幅広くカバーするようになりました。

　さらに現在では、保育園単独ではなく、ステークホルダーのみなさんと、いかに強いパートナーシップを築くかが問われるようになりました。

　本書ではとくに、保育園（保育士）と保護者との関係を取り上げましたが、パートナーの相手はそれだけにとどまりません。

　たとえば昨今ではとくに地方都市の商店街の衰退がなかなか止まりません。しかしここに、保育施設を開設したとすると、何が起きるでしょう。

　保育施設に集まるのは、なにも子どもたちだけではありません。保育者は仕事場として、保護者は送迎の場として、毎日のようにそこを目指します。保育園は多くの人が集まる地域のハブ（hub）になるのではないでしょうか。この「日常的に人を集めるという機能」を果たすことができる施設は、なかなかありません。また、ここに介護施設を接続してみたら、どんなことが起きるでしょう。医療機関はどうでしょう？　また保育施設自体を子どもたちの成長を多方面から支える施設へと進化させるとしたら、どうなるでしょう。保育園や保護者や地域はどう変わるでしょう。

　ただし、こうしたマルチタスクな施設を目指す以前に、保育園は子ども

たちに安心と安全、さらにより良く生きていくためのスキルを授ける、サスティナブルな施設とならなければいけないでしょう。

人の養成が第一　　この目標を実現にするには、保育施設に関わるすべてのステークホルダーが、今より一段ずつ高く、広い見識をもって、これにあたらなければなりません。

　たとえば、保育をはじめ日本の福祉社会は、これまで多くを女性の労働者に頼ってきました。しかしこれからは、一般企業を早期退職した人たち、あるいは外国人など、これまで保育業界が見すごしてきた人たちにも積極的に参加の機会を与え、人手不足の解消のみならず、新鮮な知見を保育業界に吹き込んでいくことの必要性を検討すべきでしょう。

　このように、従来からある考えややり方がうまくいかなかったら、疑問符を付ける素直さを忘れず、常に学び、提案し、実践する姿勢が今、保育業界の人間に求められていると強く感じます。

　本書が明らかにした課題をひとつひとつ地道に解決しつつ、新しい知見を吸収し、実践を重ねて、子どもたちと社会の未来に貢献していきたい。「大人のためのマイクロラーニング・ストーリー」をめぐるこの論考が、その実現のために、少しでも役に立てればさいわいです。

著者略歴

小西 貴彦

● はぐはぐキッズ株式会社(ソラストグループ)
　事業開発室　室長

● 昭和女子大学現代ビジネス研究所　研究員

● 社会福祉法人空のいろ　理事

2017 年に 35 年勤めた印刷会社(DNP)を早期退職し、
妻の経営する保育園運営会社に転職。その後、保育職
員の研修、組織マネジメント等本部の管理業務等に携
わる。また、DNP 時代の知見及び人脈から保育業界の ICT 化に注力、さらに見識を深めるた
めに昭和女子大学の社会人大学院で福祉関連の経営者向けの講義を受け修了、現在に至る。

連絡先:t.konishi@hughugkids.jp

サスティナブル保育園
元大手印刷会社の企画マンが見た持続可能な保育園とは?

2024 年 3 月 29 日　　　初版発行

著　　者	小西 貴彦	
編集協力	鈴木 俊之	
定　　価	本体価格 1,480円+税	
発 行 所	株式会社　三恵社	
	〒462-0056 愛知県名古屋市北区中丸町2-24-1	
	TEL 052-915-5211　FAX 052-915-5019	
	URL http://www.sankeisha.com